本书获得北京市属高等学校高层次人才引进与培养计划项目"北京市消费信贷发展对策研究"（CIT&TCD201404092）和北京市社会科学基金资助项目"北京市新蓝领负债消费行为研究"（15JGB056）资助

消费信贷与
中国梦

陈　岩　刘玉强　著

中国社会科学出版社

图书在版编目（CIP）数据

消费信贷与中国梦/陈岩，刘玉强著.—北京：中国社会
科学出版社，2016.6
ISBN 978 - 7 - 5161 - 8380 - 9

Ⅰ.①消…　Ⅱ.①陈…②刘…　Ⅲ.①消费贷款—研究—
中国　Ⅳ.①F832.479

中国版本图书馆 CIP 数据核字（2016）第 133344 号

出　版　人	赵剑英	
责任编辑	卢小生	
特约编辑	林　木	
责任校对	周晓东	
责任印制	王　超	
出　　　版	中国社会科学出版社	
社　　　址	北京鼓楼西大街甲 158 号	
邮　　　编	100720	
网　　　址	http://www.csspw.cn	
发 行 部	010 - 84083685	
门 市 部	010 - 84029450	
经　　　销	新华书店及其他书店	
印　　　刷	北京金瀑印刷有限责任公司	
装　　　订	廊坊市广阳区广增装订厂	
版　　　次	2016 年 6 月第 1 版	
印　　　次	2016 年 6 月第 1 次印刷	
开　　　本	710×1000　1/16	
印　　　张	12.5	
插　　　页	2	
字　　　数	180 千字	
定　　　价	48.00 元	

目　录

图目录

表目录

第一章　导论

第一节　研究背景和意义

一　研究背景

（一）经济新常态背景下消费成为支撑经济增长的持久动力

消费作为经济的出发点和归宿，是国民经济持续发展的根本动力和终极目标。特别是在经济新常态背景下，扩大消费需求成为我国调整经济结构、稳定经济增长的必然选择。"十二五"规划强调了消费的战略性地位："坚持把经济结构战略性调整作为加快转变经济发展方式的主攻方向。构建扩大内需长效机制，促进经济增长向依靠消费、投资、出口协调拉动转变。""坚持扩大内需特别是消费需求的战略，必须充分挖掘我国内需的巨大潜力，着力破解制约扩大内需的体制机制障碍……建立扩大消费需求的长效机制"。十八大报告也提出："要牢牢把握扩大内需这一战略基点，加快建立扩大消费需求长效机制，释放居民消费潜力。"

消费率，即最终消费支出（Final Consumption Expenditure）占GDP的比重，一直被视为衡量消费在经济增长中贡献率的重要指标。改革开放以来，我国消费率变动情况如图1-1所示。

从消费率变化趋势看，中国的经济增长中投资和消费贡献的比例在发生积极的变化，消费对经济增长的贡献在逐步提升。但是，由于最终消费包括居民消费和政府消费，因此，为了更加精确地判断中国经济结构转型的进程，更有说服力的数据是居民消费支出占

GDP 的比重。从图 1-1 可以看出，从 20 世纪 90 年代以后，无论是消费率还是居民消费率都在持续下降，1998—2000 年有所回升，但是很快又开始下降，近几年居民消费率都徘徊在 35% 左右。无论从横向和纵向比较看，这一结果都令人失望，国外的居民消费率一般都在 70% 左右。相比之下，2012 年固定资产投资占 GDP 的比重为 46.1%，2011 年为 45.6%。数据反映出，中国经济对于固定资产投资的依赖仍然十分严重，而家庭消费远不能成为中国经济发展的主导。

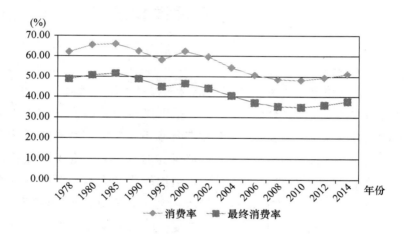

图 1-1　1978—2014 年消费率和居民消费率变化趋势

资料来源：《中国统计年鉴》（2015）。

（二）消费信贷在扩大内需中被寄予厚望

消费信贷作为一种刺激消费需求的制度安排，在扩大内需中被寄予厚望。2011 年 9 月，北京市商务委及财政局联合在京启动信用消费试点工作，倡导消费者"用明天的收入实现今天的消费"，同时给予开展信用消费的大型零售企业以补贴，用于弥补坏账损失、补充开展信用消费所产生的费用，或直接补贴给消费者。2012 年 3 月，全国政协委员、建行信用卡中心总经理赵宇梓在提交的两会提案中建议，应对信用卡消费信贷取消规模控制，对信用卡免息还款期内的消费余额不纳入规模控制，以引导和鼓励居民消费增长。发达国家长期的金融实践证明了消费信贷在扩大消费需求方面是行之有效的，2012年，央行发布的金融业"十二五"规划也明确指出："发展消费信贷，支持扩大内需。"但是，由次贷引发的全球金融危机又充分暴露了过度负债消费对经济的极大杀伤力。因此，明白消费信贷能够做什么、应该做什么，以及在什么条件下以什么方式做，是我国消费信贷制度发展的关键。

当前，一方面，消费信贷在商业银行贷款结构中所占比重很小，并且以住房贷款等中长期贷款为主，无论从总量上还是结构调整上，未来都有巨大的发展空间。数据表明，2012年年末，我国的个人非经营性贷款余额达10.27万亿元，但是，包括消费金融公司发放的贷款在内，以耐用消费品、装修等消费开支为目的的贷款只占11%。以工商银行为例，截至2012年12月31日，工商银行消费信贷（不包括个人住房和个人经营性贷款，包括个人消费性贷款和信用卡透支）余额为6098.07亿元，在个人贷款中占比27.1%，在全部贷款中占比仅为7.27%。如果扣除信用卡透支，个人消费性贷款的余额仅为3683.8亿元，在个人贷款中占比16.37%，在全部贷款中占比4.39%。[①] 图1-2显示了2007—2013年我国消费信贷构成，从图中看出，虽然住房贷款依然占绝对优势，但是占比在逐年缩小，以信用卡透支为代表的消费信贷占比在快速增长。

另一方面，"月光族"、"卡爆族"在年轻人中已不在少数，部分工薪阶层更是沦为"卡奴"，隐藏的信用风险不容忽视。在这样背景下，促进消费信贷市场可持续发展的根本出路不是盲目增加供给，降低信用标准，鼓励缺少信用能力的消费者盲目提前消费；而是深度挖掘居民的有效信贷需求，培育其信用能力，提升有信用能力的居民使用消费信贷的意愿。

---

① 以上数据根据中国工商银行2012年度财务报告计算得出。

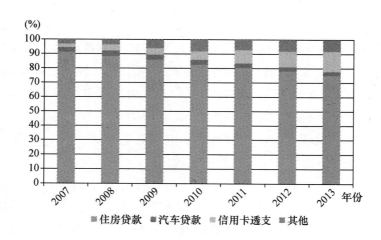

(%)

住房贷款　汽车贷款　信用卡透支　其他

图 1 - 2　2007—2013 年中国消费信贷结构

（三）发展普惠金融消费信贷迅速发展前景可期

党的十八届三中全会通过的《中共中央关于全面深化改革若干重大问题的决定》提出，"发展普惠金融"，这将成为我国未来很长一段时间金融改革的方向。毫无疑问，面向最广大消费群体的消费金融将得到蓬勃的发展，进而有力地拉动内需并改善经济结构。目前国内开展消费金融业务的机构主要包括商业银行、汽车金融公司、消费金融公司和小额贷款公司等。伴随我国经济发展模式调整，消费金融市场也有巨大的潜力和较为广阔的发展空间。

1. 消费金融公司迅速发展

消费金融公司是最能体现"普惠"原则的金融机构之一，从2010 年开始试点以来，消费金融公司充分发挥其"小、快、灵"的特点，通过与众多商户开展广泛合作，开发出独具特色的个人消费贷款产品，在小额、分散、面向中低收入人群的消费金融服务方面取得很大进展。截至 2013 年 7 月，首批全国 4 家消费金融公司资产规模达到 63 亿元，共发放 39 万笔贷款，贷款余额 88 亿元。上海地区唯一的中银消费金融公司目前的贷款余额达到 30 亿元。2013 年11 月 14 日，银监会发布十八届三中全会召开后的首个新政——新修订的《消费金融公司试点管理办法》，为尚处于发育阶段的消费金融业务发展创造良好的外部条件。2015 年 6 月，国务院常务会议上发布决定，将原在 16 个城市开展的消费金融公司试点扩大至全国，进一步拓展消费金融业务的发展空间。① 同时，也加大了金融消费者利益保护，推动消费信贷的"蛋糕"越做越大。

2014 年消费信贷获得长足发展。银监会批准香港永隆银行与中国联通筹建"招联消费金融有限公司"，注册地为深圳前海，注册资本为 20 亿元，永隆银行与中国联通各自出资 10 亿元。招商银行具有丰富的市场经验和较强的业务创新能力，联通有强大的资源优势和运营能力，两大巨头的合作更大推进了行业的发展。12 月，海尔消费金融公司获得银监会批复，是我国首家由产业资本发起设立的产融结合的消费金融公司。12 月 23 日，兴业消费金融公司在泉州正式成立，联合福建泉州市商业总公司、特步（中国）有限公司以及福诚（中国）有限公司共同发起，庞大的年轻消费群体是其潜在客户。12 月 16 日，由湖北银行发起，TCL 集团、武商联集团、武商集团等四家公司共同出资成立的湖北消费金融公司正式成立，注册资本 3 亿元，主要业务是发放个人消费信贷。苏宁云商、南京银行股份有限公司、法国巴黎银行、江苏洋河酒厂、先声再康江苏药业有限公司共同出资成立苏宁消费金融有限公司。

2. 互联网金融抢滩消费信贷市场

互联网金融机构、电商机构和第三方支付机构纷纷抢滩消费信贷市场。2014 年 2 月，京东"白条"上线公测，得到京东"白条"资格的用户可以享受"先消费、后付款"的信用赊购服务。5 月 12 日，中国平安旗下移动支付应用壹钱包 2.0 版上线，其"借钱宝"业务先消费后还款的功能让不少人质疑其是穿了马甲的虚拟信用卡。天猫也低调上线了"天猫分期"的付款方式，消费者下单购买商品可选择 3—12 期的分期付款。此服务可实现"先消费，后付款"的信用赊购方式。3 月 21 日 P2P 在线分期付款平台"趣分期"

---

① 参见《银监会相关负责人就发布〈消费金融公司试点管理办法〉答记者问》，中国银监会网站，2013 年 11 月 22 日。

正式成立，主要客户是大学生，通过与电子商务公司的合作提供线上产品的分期付款。除此之外，苏宁"任性付"、阿里"花呗"、微众银行"微粒贷"、百度"有钱"等金融创新纷纷涌现。这些产品都具有"先消费，后还款"功能，于是又催生了一个新的概念：虚拟信用卡。

互联网消费信贷的快速发展，使得一些原来被排除在传统银行消费信贷服务范围外的低收入群体，比如新生代农民工、在校大学生、外来务工人员（如餐厅服务员、美发、美容师等）、级别比较低的公司白领等，有机会获得消费金融服务，"让购物再无后顾之忧"。针对年轻人的购物和生活习惯，互联金融服务商通过网站或者手机 App 客户端，提供高效便捷的消费信贷服务。一方面，赋予低收入群体公平享受金融资源的权利，提高了他们的消费能力；另一方面，也隐藏着许多潜在的问题，比如鼓励消费主义和过度消费，导致过度负债，从而降低低收入群体的生活质量，等等。

二 研究意义

党的十八届三中全会揭开了新一轮改革序幕，"发展普惠金融"成为我国金融业深化改革的方向之一。以普惠和创新见长的消费信贷或将迎来蓬勃发展，进而有力地拉动内需并改善经济结构。

（一）理论价值

由于缺乏微观数据，当前消费信贷相关研究从宏观视角研究消费信贷与经济增长之间关系的多，从微观视角关注个体消费信贷行为的少，尤其是涉及消费信贷态度和意愿的调查和研究更少。本书借助心理学经典理论和方法，分析城镇居民消费信贷使用意愿影响因素，并构建模型对消费信贷使用行为进行分析和预测，丰富了消费信贷相关研究，在理论上具有重要价值。

（二）实际应用价值

扩大消费需求是我国经济结构转型的一项长期战略，而消费信贷的发展能够改变大众消费习惯，刺激即期消费。发达国家长期的金融实践证明了消费信贷在扩大消费需求方面是行之有效的，央行发布的金融业"十二五"规划也明确指出："发展消费信贷，支持扩大内需。"但是，由次贷引发的全球金融危机又充分暴露了过度负债消费对经济的极大杀伤力。因此，研究个体消费信贷行为的动机和影响因素，分析其积极作用和消极作用，可以减少消费信贷事业发展的盲目性，对政府制定消费信贷相关法规制度有借鉴意义。

此外，除商业银行外，越来越多的金融机构参与到消费信贷市场竞争中。银监会发布十八届三中全会后的首个新政《消费金融公司试点管理办法》，旨在为尚处于发育阶段的消费金融业务发展创造良好的外部条件。分析城镇居民消费信贷使用意愿的影响因素，便于各类金融机构有针对性地开发消费信贷产品，引导理性、科学的消费信贷行为。

三 研究问题与目标

扩大居民消费需求是解决总需求结构失衡的关键。从长期来看，扩大居民消费需求要从调整收入分配格局与完善社会保障体系着手，一方面提高大多数居民特别是弱势群体的收入水平，另一方面降低居民的预防性储蓄倾向。从短期来看，消费信贷是针对居民消费需求提供的信贷产品和服务，能够有效释放居民消费需求并提高社会总消费水平。从国际发展经验来看，消费信贷对经济增长以及经济增长方式的转变具有突出作用。但是不应忘记，我国曾经拉动内需的手段，如房地产市场化、教育产业化等，实践证明已经成为抑制内需的重要因素。因此，在进一步拉动消费、扩大内需背景下，中国应该发展消费信贷。

显然，我们不能简单地照搬发达国家消费信贷的发展经验。美国国际战略研究中心经济学家查尔斯·弗里曼说："如果中国还保持对美国经济行为准则的认可，这无疑是危险的。"黄达先生说："任何人文社会学科都摆脱不了本民族的文化根基。就金融学科来说，东西方的金融学科，也同样是分别根植于东西方文化平台上。当然，金融理论的基本原理是寻源于市场经济的本质，并从而有其不分国界、不分民族的普遍意义。但共同规律在不同文化平台上的显示，却绝非必然雷同。"

探索一条适合中国文化和国情的消费信贷发展道路，需要解决几个基本问题：中国老百姓愿意借钱消费吗？影响消费信贷使用意愿的因素有哪些？哪些人更倾向于信用消费？人们对消费信贷产品的需求是什么？哪些因素阻碍了借钱消费的意愿变成现实的消费信贷行为？如何将城市居民隐蔽的、潜在的借款意愿变成有效的信贷需求？消费信贷将如何影响消费行为？特别是在推崇合理、科学消费的社会风尚下，消费信贷在引导消费者理性、科学消费行为方面能够发挥怎样的积极或者消极作用？

带着这些实践中迫切需要解决的问题，本书想要达到的研究目标有：

第一，验证消费信贷如何通过改变消费者行为刺激消费需求。

第二，梳理我国消费信贷制度的历史变迁，并与美国消费信贷制度的发展演进进行比较制度分析。

第三，探索消费信贷在实现中国梦过程中的作用和未来发展趋势。

第二节　研究范围与概念辨析

名不正，则言不顺；言不顺，则事不成。[①]任何一门学科，基本概念是关键，概念定义清晰便能消除歧义。为了明确研究范围，使后续相关研究和讨论建立在明确、清晰、统一的口径和基础之上，有必要对本书涉及的基本概念做出清晰界定。本书研究的核心概念是消费信贷，研究范围是城市居民。所以将研究范围限定于城市居民，而不是城镇或者城乡居民，主要是因为我国经济社会发展不均衡，城乡差距很大。阮小莉和仲泽丹（2013）基于四川省的调研数据，证明了城乡居民在消费信贷的意愿、能力、产品需求和信用环境等方面均存在较大差异。囿于时间和经费，本书研究范围仅限于城市居民。

---

① 转引自《论语·子路》。

概念不是单独存在的，它是由一系列相关概念构成的，所以概念往往是以体系的方式存在，即所谓的概念体系。将概念体系辨析清楚，有两个好处：第一个是可以帮助我们透过复杂的现象，看到事物本质的内在联系；第二个是方便学术交流。还需要说明的是，在这一部分，仅对贯穿全文的关键概念予以界定和辨析，书中涉及的其他重要概念在第一次出现的时候予以界定。

一　消费信贷与消费金融

（一）消费信贷的概念界定

根据美国联邦储备委员会的统计指标解释[①]，消费信贷被定义为，"通过正常的商业渠道发放的用于购买供个人消费的商品和劳务或者用于偿还由此原因而产生债务的中、短期信贷"。消费信贷有封闭式和开放式两种基本类型：封闭式是指一次性发放并约定在一段时间内以等额本息偿还债务方式，包括抵押贷款、汽车贷款和分期付款；开放式是指循环发放、部分付款的方式，部分付款是根据定期邮寄的账单要求最低还款额偿还债务，目前开放式消费信贷主要是信用卡消费信贷。

根据中国人民银行发布的"金融统计常用指标释义"[②]，消费信贷是指"借款人用于购买住房、住房装修、旅游、教育、购买大件耐用消费品等生活消费用途的贷款"。由于现阶段我国房地产交易具有明显的投资性质，故本书将消费信贷定义为：商业银行等金融机构向个人发放的用于购买以消费为目的的商品和服务的中、短期贷款，具体包括汽车贷款、耐用消费品贷款、住房装修贷款、教育贷款、旅游贷款、信用卡透支等，不包括住房贷款和经营性贷款。

根据借款用途，本书将消费信贷产品细分为物质消费信贷（如汽车贷款、耐用消费品贷款等）、文化消费信贷（如教育贷款、旅游贷款等）、偶发大额消费信贷（如住房装修贷款、结婚贷款等）三大类。现阶段我国的消费信贷市场以物质消费信贷为主，但是文

---

① 参见美联储网站（www.frb.org）。
② 参见中国人民银行网站（www.pbc.org）。

化消费信贷是未来发展的重点和趋势所在。这是因为，需要是消费的根本动力，当人们的基本物质需要得到满足后，必然追求身心健康、精神充实、自我完善等高层次的精神需要，也就是要更多地进入具有满足精神消费、享受和发展消费的高层次功能阶段，以文化为主体的非物质消费正是这样一种消费形态。

（二）消费金融的概念界定

与消费信贷概念密切相关的是消费金融，这两个概念的含义、范畴都有所不同。王江等（2010）认为，所谓消费金融可以广泛地理解为与消费相关的所有金融活动，这里所说的消费"不仅局限于日常生活的消费，而且包含了对所有资源的非生产目的的使用或消费"。"所说的金融也不仅包括消费者本身所面临的金融问题，还包括市场、机构和政府与消费相关的金融技术、产品、服务、法律、监管、政策"。参照莫顿和博迪（Merton and Bodie，1995）的金融功能观，Tufano（2009）从消费者所需要的各项金融功能来界定消费金融的研究范围，他把消费金融的研究范围归纳为支付、风险管理、消费信贷、储蓄和投资四个方面。刘锐（2013）沿用 Tufano 分类方法，将消费金融分为四个维度：支付工具、风险管理工具、消费信贷和金融资产。

二 消费性贷款与生产性贷款

媒介资源配置，提高资源配置是金融服务实体经济的最主要功能。传统金融理论根据信贷资源配置的方向，将信贷分为消费性信贷（consumptive credit）和生产性信贷（productive credit）。生产性信贷概念的核心是为"以创造有价值财富为目的"的经营性单位提供资金，即贷款被用来购买能够增值或者具有生产性用途的商品。在大多数人看来，用于修建或者购买住房的贷款可以视为生产性信贷。消费信贷概念的核心是"为了获得即时满足"而借钱，它可能诱惑人们购买自己不需要的东西。在古典经济学理论中，生产性信贷增加了财富，所以它高于消费性信贷。经济学家和信贷营销人员成功地将"消费性信贷"重新创造为"消费信贷"。在这一过程中，他们所实现的不仅是一种文字的改变，更是为针对消费者的信贷制度奠定了道德基础，随之而来的是法律基础和制度基础。在更深远的意义上，消费信贷概念的创立也为美国"消费主义"的消费文化的扫除了障碍。在此之前，人们并不认为消费者应该得到信用——包括道德意义和经济意义上的信用。所以，当消费者得到信用时，它们在"credit"一词的两个意义上都得到它。作为个人，他们能够提前使用未来的收入，作为一个阶层，他们赢得了公众对自己的消费者身份的认可。

在创造这一理念方面做出最大贡献的人是塞利格曼（Edwin R. A. Seligman）。1927 年，塞利格曼出版了研究分期付款销售的两卷本鸿篇巨制：《分期付款销售经济学》（*The Economics of Installment Selling*），这一著作成为对消费信贷的权威性辩护。塞利格曼的结论是：分期付款销售已是"既成事实"，除少量不恰当的做法之外，应该说消费信贷正在对现代经济做出重要而有价值的贡献。塞利格曼认为消费与生产并不是对经济活动进行明晰思考的分析范畴，所有的信贷要么刺激、要么允许借款人做他们本来无法实现的事情；从这一意义上讲，所有的信贷都是"生产性"的。因此，塞利格曼认为，信贷更合适的分类应该是"生产信贷"与"消费信贷"。现在，一种更简明的分类方法，根据贷款的对象，分为企业信贷与个人信贷。

虽然亚当·斯密已经说明，所有生产的目的都是消费，维多利亚时代的经济学却把生产和消费区分为两个活动领域，而且生产优于消费。在塞利格曼看来，生产和消费可以归于更大的范畴——效用。消费与生产这两种活动在效用上并无好坏之分，生产可能对社会有益，也可能有破坏作用，消费也是如此。如果消费行为通过提供积极的心理释放，从而有助于健康和幸福，扩大精神视野，那么消耗、使用和享受商品便代表了一种大于成本的效用剩余。从这个意义上说，消费与生产并无本质区别，消费生产的是令人满意的生活。消费信贷这一概念使得消费与生产在道德上是平等的，它明确认可消费者，将其视为值得信任的人。个人利用信贷获得商品，以便提升自己的生产能力，提高福利，增加幸福，这种做法也是合理的。

塞利格曼利用效用理论，深入研究了奢侈品和必需品的二元对立问题。认为奢侈品是一个相对性的概念，追求高档商品的愿望启动了创新、资本和生产的转轮，从而会提高工资、提高生活水平，将昨天的奢侈品变为今天的必需品。真正的自由社会应该允许个人就此做出自己的选择。

三　信用与债务

经济学意义上的信用（credit）是指借贷行为，这种经济行为的形式特征是以收回为条件的付出，或者以归还为义务的取得。贷者所以贷出，是因为有权取得利息，借者所以可能借入，是因为承担了支付利息的义务。[①] 信用本质上是一种跨期资源配置行为，只有在信用契约无法正常履行时才会形成债务（debt）。简单地说，信用是一种行为过程，而债务是一种结果，信用行为并不必然导致债务的结果，甚至可以说绝大部分的信用行为不会导致债务。现有的相关研究往往混淆了信用和债务的概念（Kamleitner et al.，2012），把债务甚至过度负债视为信用的必然结果。

第三节　研究方法与主体框架

一　研究方法

著名经济学家熊彼特曾经说过："人们可以通过三种方式去研究经济——通过历史、通过理论或通过统计数字。"[②] 按照一般理解，就是理论研究和实证研究相结合。实证研究的思维方式是归纳法，以观察事实和归纳逻辑为基础，透过现象描述和解释概括出理论命题。理论研究的思维方式是演绎法，从已知的理论出发，演绎推演出新的命题。实证研究与理论研究密不可分，这是因为假设的

---

① 参见黄达《金融学》第三版，中国人民大学出版社 2012 年版，第 76 页。
② 参见徐则荣《创新理论大师熊彼特经济思想研究》，首都经济贸易大学出版社 2006 年版，第 42 页。

提出虽然离不开对事实的观测，但是这些假设必然建立在现有理论基础上。本书遵循这一经济学研究方法论的传统，以构建理论模型、制度历史变迁分析和实证研究三种方式来展开研究。当然，这是根据本书的研究需要作出的选择，绝不是单纯为了模型而模型，为了实证而实证。真正有生命力的研究，需要立足现实，以经济直觉为基础，以充满洞察力的经济思想为核心，构建具有良好解释力的理论逻辑和分析框架（陈雨露，2010）。

根据本书研究需要，实证研究采取定性研究和定量研究相结合的方法。通过三种方式收集数据：

（1）深度访谈：一般而言，定性研究具有开放性的特点，适用于探索性的研究。由于现有的相关研究没有形成对借款意愿统一的定义和权威的测量工具，故本研究在文献调研基础上，首先使用深度访谈方法，探索借款意愿概念的具体含义、维度、影响因素，以及与消费信贷行为的关系。通过小规模预访谈，拟定访谈提纲，然后再依据访谈提纲，选取合适的访谈对象进行访谈。

（2）问卷调查：结合文献调研和初步访谈结果，拟定调查问卷。问卷由三部分构成：第一部分为基本信息，包括人口统计特征和经济状况；第二部分为测量量表，包括信用态度量表、主观规范量表和借款意愿量表；第三部分为消费信贷使用行为。其中，量表部分的信用态度量表和主观规范量表都是基于前期文献的成熟量表设计，借款意愿量表是在借鉴营销学中广泛使用并且比较成熟的消费意愿测量量表基础上，自行开发设计。

（3）利用数据库数据：清华大学中国金融研究中心（CCFR）是隶属于清华大学的金融研究和人才培养机构，于 2002 年 7 月成立。中心的建设得到了高盛公司（Goldman Sachs）支持和资助，清华大学经济管理学院将与麻省理工学院斯隆管理学院合作支持中心发展。清华大学中国金融研究中心（CCFR）于 2008 年、2010 年、2011 年、2012 年在全国范围内开展了中国城镇家庭消费金融调研，调查内容涉及家庭的资产负债、收入支出、理财规划、金融知识等内容，为政府和研究机构提供了大量的微观家庭金融数据，对国家政策的制定、金融机构产品的设计都起到了积极的推动作用。本书第四章的实证研究采用该中心提供的 2008 年消费金融调研数据，综合考虑地区经济和金融发展状况等因素，最后将抽样样本定位在 15 个城市，共收集了 1936 份有效调研样本。

二　主体框架

本书将综合采用文献研究、统计分析（Logistic 回归、方差分析等）、历史分析等研究方法，分为基础研究、理论研究和应用研究三个阶段展开研究。研究的具体思路如图 1 – 3 所示。

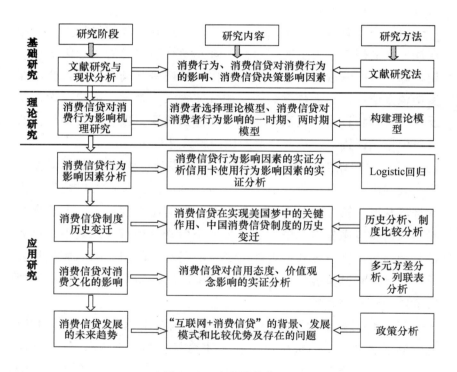

图 1 – 3　本书整体框架

第二章 文献回顾

任何一种促进消费的政策和措施要有所作为，最终必须落实到微观行为主体的消费行为上。因此，对消费者行为的准确把握是消费信贷研究的微观基础。而研究消费行为，必然涉及多个研究视角，因为消费不仅仅是一个经济学问题，在人类进入消费社会之后，消费更主要体现为社会、文化和心理问题。如何刻画和描述消费者行为，是消费信贷研究面临的一项挑战。为了使研究建立在一个较高的理论起点上，有必要对有关消费行为的各种研究视角进行一番检视，以便对消费行为有一个比较全面、准确和深刻的认识。在此基础上，我们才能进一步研究消费信贷如何影响消费行为、对不同的消费者产生的影响有什么不同（消费信贷效应），以及为什么会影响消费行为（消费信贷作用机制）。按照这一逻辑，本部分主要从四个层面对国内外相关研究进行梳理和总结：第一部分，消费行为相关研究的归纳和整理；第二部分，消费信贷如何影响消费者行为；第三部分，消费信贷决策的影响因素；第四部分，消费信贷作用机制，即消费信贷为什么会影响消费者行为。

第一节　基于多学科视角的消费者
行为研究进展

一　传统经济学对消费者行为的解释

如果说经济学是研究人类选择的科学，那么消费函数就是经济学家对消费者选择行为的描述。在制度既定和"经济人"假设前提下，自 20 世纪 30 年代凯恩斯的绝对收入理论提出以来，古典消费函数理论经历了绝对收入理论、相对收入理论（Duesenberry，1949）、生命周期理论（Modigliani and Brumberg，1954，1980）和持久收入理论（Friedman，1957）的变迁。这些林林总总的消费函数理论均认为消费和储蓄取决于收入，其分歧仅仅在于对收入定义的不同。

（一）凯恩斯的消费理论

凯恩斯之前，消费并没有引起经济学家的足够注意。主要原因在于生产力水平低下使得人们并没有完全脱离贫困。因此增加生产、增加社会总供给，是有识之士的宏伟志向。凯恩斯在《就业、利息和货币通论》（第三编）中第一次提出，消费"是一切经济活动的唯一目标和对象"。凯恩斯把影响一个社会消费量的因素分为两个大的类别，即主观因素和客观因素，分别加以考察。他认为，主观因素"包括那些人类本性的心理特点以及那些社会成规和制度"。这些因素虽然并不是不能改变的，但在短时期内，除了处于非正常的或发生革命的情况，很难有较大的变动。从历史的角度加以考察或把不同类型的社会制度加以比较的研究中，必须考虑主观条件的改变以何种方式来影响消费倾向。但一般来说，我们将在以下论述中把主观因素当作既定不变的，并假设：消费倾向仅取决于客观因素的改变。凯恩斯后的经济学家，都沿用了凯恩斯的分析框架，集中研究客观因素变化，而把主观因素对消费行为的影响留给了社会学、心理学或者营销学。主流经济学家都只是把握了他们当时能够把握的因素，而把一时无法把握的因素搁置起来，不管这些因素有多么重要。后来发现，主流经济学所搁置的东西大多与人的行为有关，而人的行为是最难准确把握和精确度量的。

凯恩斯创造性地提出了消费倾向的概念，他把消费倾向定义为：存在于 Y（用工资单位衡量的既定的收入水平）和 C（即在该收入水平下的消费开支）之间的函数关系 x。影响消费倾向的客观因素有工资单位的改变、资本价值的意外变动（"拥有财富的阶级的消费可以异常敏锐地受到它财富价值的意想不到的改变的影响。这一

— 16 —

点应该被认为是能在短期中影响边际消费倾向的主要因素之一"）、货币的时间价值（"作为一种概略的估算方法，我们可以把这个贴现率和利息率等同起来"）、财政政策、对现在和未来收入预期的改变。凯恩斯认为，"经验所提供的结论是：除非利息率有着不同寻常的巨大改变，利息率对个人在既定收入中的消费量的短期影响相对来说是次要的"。"所得税，特别是当该税对'不凭本事而赚到的'收入税率很高时，如利润税、遗产税以及类似的税种都和利息率一样影响储蓄；与此同时，财政政策可能变动的范围至少在预期中有可能比利息率的变化要大。如果财政政策有意地被作为取得比较平均的收入分配的手段，那么，它对增加消费倾向的影响当然还要更大"。至于收入预期的改变，"虽然该项目可以在相当大的程度上影响个人的消费倾向，但对于整个社会的消费倾向而言，该项目的影响很可能会由于各个人改变期望的方向不同而相互抵消"。并且由于预期的改变具有很大不确定性，从而通常不会施加很大影响。

"因此，我们可以得到结论：如果我们消除掉以货币来表示的工资单位的改变，那么，在既定的情况下，消费倾向可以被当作相当稳定的函数。资本价值以外的变动可以改变消费倾向，而利息率和财政政策的相当大的改变可以施加某些影响；与此同时，虽然其他的客观因素的作用不容忽视，但在普通的情况下，它们的作用不大可能是重要的"。

"在既定的一般经济情况下，以工资单位衡量的消费开支主要取决于产量和就业量。这一事实是我们能建立约略性的'消费倾向'函数的理由。虽然其他因素可能改变（这一点绝不能忘记），但以工资单位来衡量的总收入一般是主要的变量来决定作为总需求函数的一个组成部分的消费量"。基于人类的本性和经验事实观察，边际消费倾向大于零却小于1。

个人储蓄动机：一般来说，存在八个带有主观性质的动机或目标；它们导致人们不把收入用于消费：

（1）为了不时之需而积累起一笔准备金；

（2）为了事先料到的个人（或其家庭）所需要的开支与其收入之间的关系的改变而作出储备，例如，为了养老、家庭成员的教育或者抚养无自立能力的人；

（3）为了获得利息和财产增值，即因为以后较大量的消费被认为是优于现在的较小量的消费；

（4）为了取得能逐渐增加的生活开支，因为，这可以满足一个普遍存在的本能来使生活水平逐渐改善（即人们本能地都希望越过越好，先苦后甜），而不是相反，虽然人们的享受能力可以是日益减退的；

（5）为了取得具有独立生活能力的感觉以及取得能做出事业的力量，虽然对具体的行动并没有明确的想法或者意图；

（6）为了进行投机或业务项目而积累本钱；

（7）为了能留下遗产；

（8）为了满足纯粹为守财奴的欲望即不合理的但却一贯地禁止消费的行为。以上八个动机可以依次被称为谨慎、远虑、筹划、改善、独立、进取、骄傲和贪婪动机，而我们也能开出一系列与之相应的消费动机，如享乐、短视、慷慨、失算、浮华和奢侈。

"所有的这些动机的强弱在很大程度上取决于经济社会的体制和组织，取决于种族、教育、成规、宗教和流行的风气所形成的习惯，取决于现在的希望和过去的经验，取决于资本设备的规模和技术以及取决于现行的财富分配和已经形成的生活水平"。"我们并不关心社会改变的长远后果，也不关心长期发展的缓慢作用，也就是说，我们把形成储蓄和消费的主观因素的一般背景当作既定的事实"。"根据以上的论述，改变消费倾向的主观和社会的动机一般来说变动迟缓，而利息率和其他客观因素的变动的短期影响又往往具有次要的地位，因此，我们得出的结论只能是：消费的改变主要是取决于收入的多寡，而不取决于既定收入下的消费倾向的改变"。

（二）生命周期理论

生命周期理论是经济学家分析消费者行为的一个基本框架，其核心思想是消费者会根据自己的财富和一生收入情况，平滑其生命周期内的消费，以使得总效用最大化。消费者平滑生命周期内消费的方法，就是在暂时性收入高时储蓄，在暂时性收入低时负债。生命周期理论和持久收入理论蕴含几个关键假设：

（1）消费者时间偏好一致（time - consistent），即各期的时间贴现率恒定；

（2）消费信贷可得性（accessibility），即消费者在需要利用负债的时候，能够方便地获得消费信贷；

（3）消费者完全理性（rationality），能够合理预期未来的收入并进行跨期最优资源配置。

（三）预防性储蓄理论和流动性约束理论

由于假设太强，生命周期理论和持久收入理论很难禁得住实证检验（Campbell，1989，1990），后续学者将不确定性引入分析框架，进一步丰富和发展消费函数理论。其中，比较有代表性的是预防性储蓄理论和流动性约束理论。预防性储蓄理论由利益（Leland，1968）提出，强调消费者储蓄不仅仅是为了在其生命周期内有效配置资源，同时也是为了防范不确定事件的发生。后续大量的经验研究证实了不确定性将导致更多的储蓄，预防性储蓄理论对不确定条件下的消费行为有较好的解释力。此外，消费者在实际消费和借贷过程中或多或少会受流动性约束（liquidity constraint）和信用约束（credit constraint）[①]影响，与没有流动性约束相比，流动性约束下的消费需求较低（Flavin，1973，1981）。

由于流动性约束与预防性储蓄的影响很难明确分离，因而后续学者常常将二者综合到一起进行分析。卡罗尔（Carroll，2001）结合预防性储蓄和流动性约束，提出了经典的"缓冲存货"模型。他从消费者行为出发，认为同时具备不耐心和谨慎性两种特性的消费者倾向于维持一个固定的储蓄—财富比，储蓄充当着应对未来收入

---

① 流动性约束和信用约束这两个概念是有差别的，流动性约束是指家庭的流动性资产不足导致家庭的支付困难，信用约束则是指家庭对外进行借贷时由于违约风险等所受到的限制。有流动性约束的家庭如果具备偿债能力，也能顺利地筹借到所需的贷款，因此不会受到信用约束。（王江等，2010）。但目前文献中，对这两个概念的区分并不严格。

冲击的缓冲器，当收入出现正的变动时，储蓄—财富比下降，则消费者将增加储蓄以维持原有比例，即边际消费倾向小于1，且即使不存在流动性约束，消费者也不倾向于借贷。

总之，西方经典消费函数理论的发展过程遵循了这样的逻辑：消费的决定因素由具体的收入抽象为持久收入，消费者面临的约束由简单的预算约束过渡到资本市场弱势有效条件下的流动性约束，而消费者行为由完全理性合理化为理性预期，并据其在不确定条件下进行决策（朱信凯，2011）。

（四）消费函数理论的中国实践

由于基本假设背离了我国基本国情，西方消费函数理论在移植到我国的时候，出现了适用性较差的问题。主要表现在两个方面：首先，由于金融市场的约束，消费者无法自由安排跨期消费，流动性约束得以强化；其次，由于社会转型过程中存在着较大的不确定性，以及社会保障体系不完善，预防性储蓄在居民储蓄中占相当比重。满讲义和佟仁城（2009）、汪浩瀚和唐绍祥（2009）等学者的实证研究证明了我国城乡居民消费确实面临着较强的流动性约束。施建淮和朱海婷（2004）、李勇辉和温娇秀（2005）、杭斌和郭俊香（2009）等学者的研究证实了改革开放以来我国居民的储蓄行为包含强烈的预防性动机，但对预防性动机的成因和测量尚未形成令人信服的研究结论。

根据流动性约束理论，低收入与流动性约束的结合会使消费者产生"短视行为"。余永定和李军（2000）分析了这种"短视行为"指出，中国居民不是以一生为时间跨度来寻求效用最大化，而是在其生命的不同阶段往往存在某个特定的支出高峰，如购房、结婚和子女教育等。在每个阶段他们都要为迎接相应的支出高峰而进行储蓄，减少消费。清华大学中国金融中心面向全国城市家庭的消费金融调查印证了这一结论，无论哪个年龄段的家庭决策者，都不是基于整个生命周期的时间跨度来做出消费决策，而只是今后一段时间（廖理、张金宝，2011）。杭斌和申春兰（2005，2009）把居民为计划中的一次性或者阶段性集中开支（如子女上学、购房装修等）而进行的有目的储蓄，定义为潜在流动性约束。他们的研究表明，城镇居民预防性储蓄的动机并不是很强烈，而教育、医疗费用上涨过快导致的潜在流动性约束是储蓄持续上升的重要原因。除了传统的流动性约束和预防性储蓄因素之外，社会分配不公导致的收入差距扩大也成为影响我国居民消费行为的重要因素。娄峰、李雪松（2009）建立了动态半参数面板数据模型证明了收入差距对我国城镇居民消费有显著的负影响，1993—2005 年，其影响大致呈双峰波形。1995 年前，收入差距对消费的负面影响迅速下降，1996—1999 年是收入差距对消费的负面影响增长最快的时期，2001 年开始减弱，2004 年开始其负面影响又开始逐年增加。

二　行为经济学对消费行为的解释

消费行为受多重因素影响，主流经济学只揭示了其中的一部分，忽略了许多可能更为重要的因素。行为经济学借鉴心理学的分析方法，在消费行为研究方面取得了突破性的进展。

（一）认知错误和时间不一致

与新古典经济学相反，行为经济学家认为消费者是有限理性（bounded rationality）的，并不具备进行跨期最优消费决策所需要的认知能力。由于存在认知错误（cognitive errors）和行为障碍（behavior biases），消费者在做出消费决策的时候，经常会出现非理性行为。大量实验证据表明，消费者在风险和不确定条件下的跨期决策，并不总是遵循时间一致性和理性效用最大化原则。消费者的效用函数是动态的（Mokhtatari，1990；Thaler，1990），许多消费者似乎都存在现时偏向型偏好（proximate prospects），这使得他们更倾向于当期消费（Frederick，Loewenstein and O'Donoghue，2002）。潜在的心理因素，如情境（context）、编辑（framing）等，会对消费者的决策行为产生重要影响，也就是说消费者的选择在很大程度上是可以被操纵的（Bertrand et al.，2005）。尽管大多数经济学家和心理学家认同存在认知错误和时间不一致现象，但是对这种现象在多大程度上影响消费者的决策行为（包括购买决策和信贷决策）却并不清楚。

（二）购买决策过程中的经验法则

尼科西亚（Nicosia，1966）、恩格尔、科拉特和布莱克威尔（Engel、Kollat and Blackwell，1968）、霍华德和舍思（Howard and Sheth，1969）将消费者购买决策过程进行综合提炼，提出了购买行为模型（buyer behavior model）。这些模型虽然在细节上有些许差异，但大致包括这样几个环节：明确问题、信息搜寻、方案选择、方案评估等。决策过程中的每一个环节都会受到消费者个人、心理、社会因素的影响，使得不同人的决策过程都不相同，即便是同一个人，不同的消费决策过程也不一样。卡托娜（Katona，1975）等对消费者在购买和信贷决策上的理性程度进行了大量的研究，研究表明，只有极少数的购买行为包含全部的理性决策步骤，即购买计划—信息搜寻—价值评估—仔细权衡替代产品—进行决策。消费者经常简化问题，走捷径（take shortcuts），或者利用经验法则（heuristics）。消费者在进行购买决策的时候，通常只关注产品的一个或者两个特性，或者直接借用自己或者朋友的消费经验。只有当涉及钱的数量比较大，决策影响的时间长，过去的经验和信息不足或者不满意的时候，决策者才会进行审慎的思考。值得注意的是，在行为经济学家看来，理性的决策不一定是严格最优的，只要是目的明确并且谨慎的行为就称得上是理性的（Elliehausen，2010）。因此，当信息搜寻的成本高于收益的时候，消费者选择仅拥有较少的信息是合理的。除此之外，当消费者面临一个难得的购买机会（如促销）、急需某种产品、自己或者朋友有满意的购买经验可以借鉴时，他们就倾向简化决策过程，这也是理性的行为。在这种拓宽的理性定义下，经验法则经常是很有用的，特别是在信息有限并且成本高昂的情况下，它能够帮助消费者快速做出满意（而不是最优）的决策。

（三）自我控制与非理性消费行为

近20年的心理学研究表明，非理性消费行为，如冲动购物（compulsive buying）、强迫购物（impulse buying）、购物上瘾（addiction）等，往往是由于消费者缺乏自我控制能力所致。行为经济学引入了心理学的"自我控制"（self‑regulation）概念，并对其进行重新定义，试图解释这些传统经济学无法解释的行为。在行为经济学中，自我控制就是抑制一个能获得现期短期效用最大化的行为（优势反应），而执行一个能使跨期长期效用最大化的行为（劣势反应）。因此，自我控制本质是一个时间偏好的问题，即短期利益和长期利益的取舍。那些低自控的消费者在有信用卡的情况下更可能发生冲动性购买（Baumeister，2002；Strayhorn，2002），相反，那些高自控的消费者则往往能很好地管理自己的金钱，拥有更多储蓄（Romal and Kaplan 1995；Baumeister，2002）。劳森（Lawson，2001）根据心理学的跨理论行为改变模型（TTM，trans‑theoretical model of change），把消费者控制过度消费行为过程分为相互联系的五个变化阶段，构建了一个消费者自我控制的分析框架。劳森（2001）进一步对志愿者进行了日志研究（diary study），结果显示如同改变其他不良行为（如戒烟）一样，控制非理性消费行为也符合行为改变的一般规律。当前，行为经济学家已经利用跨理论行为改变模型来进行健康的消费行为研究，帮助消费者朝有利于经济发展和自身福利的方向转变他们的行为（J. J. Xiao，2001，2004）。

三　社会学对消费行为的解释

传统经济学不能解释为什么消费者会购买那些自己并不需要，或者远超过自己实际支付能力的商品，并且很多时候这些消费行为也不能简单地以"非理性"解释，因此行为经济学的解释能力也非常有限。社会学通过考察各种社会关系如何使消费行为偏离狭隘的"工具理性"，从而在根本上解决了这个问题。

（一）社会学对消费者行为的定义

与经济学不同，社会学"一开始就致力于从广泛的制度角度与丰富的文化角度来理解经济生活"（《新经济社会学》序言，2006）。在社会学家看来，消费者不是精于计算成本和收益、追求利益最大化的"经济人"，而是"嵌入"某一特定的社会结构中、受客观环境和主观情绪影响的"社会人"。在社会互动中人们有着混合性动机，因此行动并不是完全按照自我利益最大化的方式进行。社会学将消费行为定义为"嵌入"某一特定的社会结构中的社会活动，是实现消费者社会角色的方式（晏辉，2007）。20 世纪以后，西方社会从生产性社会进入所谓的"消费社会"，"人的认同和消费成为同一过程的两个方面，体现为认同支配了消费，消费体现了认同"（蔡雪芹，2005），即消费成为社会地位和身份的"符号"，"人们是通过所消费的东西被辨认，而不是通过他们所生产的东西被辨认"（威廉森，1989）。消费行为越来越脱离真实需要，转变为一种对符号和意义的追求，"异化"成为彰显社会地位、人生价值、寻求社会认同的方式（鲍德里亚，2001）。与之相适应，消费主义成为现代消费社会的主导价值观，深刻改变了社会发展模式和人的生存方式。消费不仅是个人幸福和社会福利的唯一源泉，而且是人生的终极目的和根本意义（周怀红，2010）。

（二）社会分层论

当前研究消费行为的社会学理论流派中，比较有影响力的包括社会分层论、浪漫伦理论和资本操纵论等（王宁，2009）。社会分层论的理论范式可以追溯到凡勃伦的《有闲阶级论》（1899），他的"炫耀性消费理论"把社会地位变量引入了消费需求。在凡勃伦看来，富有阶层选择奢侈的消费方式，是为了炫耀、象征和强调他们社会地位的优越。"任何现代社会中的大部分人之所以要在消费上超过物质享受所需要的程度，其近因与其说是有意在外表的消费上争雄斗富，不如说是出于一种愿望——想在所消费的财务的数量与等级方面，达到习惯的礼仪标准"。（中译本，2004）"某个人的生活水准应该是怎样的，这一点大部分决定于他所隶属的那个社会或那个阶级所公认的消费水准"。（中译本，2004）。朱丽特·斯戈在《过度消费的美国人》（中译本，2010）一书中进一步发展了凡勃伦的观点，认为消费者企图通过消费拔高自己的社会经济地位。一般而言，人们都倾向于比照更高层次的消费群体来消费，而大众媒体和广告业源源不断地为消费者塑造出更多的消费参照群体。① 与人攀比的消费心理加上消费者内心强烈的消费欲望，诱发了大量"攀比性"、"炫耀性"消费行为。

（三）浪漫伦理论

与社会分层论强调社会地位对消费行为的影响不同，浪漫伦理论认为，消费者大规模过度消费的原因出于见异思迁、喜新厌旧的天性。杜森伯里（Duesenberry，1959）认为，消费者的选择并不是理性规划的结果，而是一个学习和习惯形成过程。在处理消费和储蓄这对矛盾过程中，人们会形成某种习惯模式。但是，由于示范效应的存在，人们一旦知道存在着更高级的产品，就会对现有产品不满，产生强烈的消费欲望，从而打破原有的习惯模式。正如坎贝尔（Campbell，1987）所言，现代消费的显著特点就是在拥有那些产品之前有强烈的愿望，得到了之后就失去了兴趣，陷入"看见—欲望—购买—扔掉"的怪圈。杜森伯里（1959）认为，导致消费者见异思迁、喜新厌旧的根本原因是由于"社会比较机制"，对于消费者而言，消费不是自己的事情，而是"相对于"他人的事情。在与他人的"不利比较"中产生了消除"不利比较"的冲动，从而促使消费欲望的不断升级。

（四）资本操纵论

"资本操纵论"是由以法兰克福学派为代表西方马克思主义学者提出的。该理论认为，现代资本主义发展面临的一个最大困境在于，需要用持续增长的消费需求去支撑持续增长的生产能力（Watkins，2000）。资本为自身增值和扩大再生产的需要，借助广告和大众媒体等构成的文化工业，创造了有关"幸福""快乐"和"消费"的意识形态和"文化主导权"，人为地刺激和制造了各种"虚假"的需要。消费甚至是过度的消费被吹嘘为是自我的实现，消费

---

① 所谓参照消费群体，是指在等级社会里所处阶层相互临近的比照群体。参照消费群体产生的根本原因是人具有社会属性。从广义上讲，一个参照消费群体的形成取决于一系列变量：社会阶层、教育背景、经济收入、行业职位以及性别等。参见《过度花费的美国人》中文版，第36页。

主义已经成为全新的信仰系统。后现代强迫性消费使消费者陷入对物欲永无止境的追求，在得到短暂快乐的同时，恰恰失去了真正的快乐和自由（马尔库塞，中译本，2006）。"资本操纵论"揭示了在权力不均等社会中消费的非自由性和易受操纵的一面，并超越了行为主义的视野，将消费视为一种文化——消费主义，剖析了资本对文化的形塑作用。这一理论视野有其深刻之处，也在一定程度上揭示了消费受到社会关系不平等的结构影响的事实。但它所隐含的假设是消费者是被动的、易受控制的（王宁，2007）。这一假设在一定程度上与现实不符。

四　小结

对消费者行为进行最精确、细致研究的学科，当属管理学科当中的营销学。作为营销学一个分支的消费者行为学（Consumer Behavior）大量借鉴心理学的相关成果，研究消费者在获取、使用、消费处置产品和服务过程中所发生的心理活动特征和行为规律。从营销学角度看，消费者行为学研究的目的是为了提供对消费者行为的理解，进而试图影响消费者行为。

总之，尽管经济学、社会学和营销学都对消费者行为进行了深入系统研究，但是由于研究目标和假设条件不同，各学科的研究视角、侧重点和方法相差悬殊。各学科研究的差异可以粗略归纳成表2－1。

表 2－1　　　　　　　　各学科消费者行为研究比较

学科	传统经济学	行为经济学	社会学	营销学
基本假设	消费者是追求生命周期内效用最大化的"理性人"	存在认知错误和行为障碍的"有限理性人"	消费者是受各种社会关系影响动机复杂的"社会人"	消费者是追求个性发展和释放消费欲望的"自由人"
研究目标	促进宏观经济增长	解释消费者行为	通过消费活动来研究社会结构和功能	影响消费者行为
研究视角	整体	个体	整体	个体

续表

学科	传统经济学	行为经济学	社会学	营销学
研究侧重点	收入对消费者行为的影响	有限认知能力对消费者行为的影响	社会阶层、社会关系对消费者行为的影响	不同消费群体的消费行为特征
研究方法	定量（建立模型）	定量（实验、问卷等）	定性（访谈、问卷等）	定量/定性

在经济学研究中，为了更加准确地描述消费者行为，需要构建一个更加综合的模型。这就需要对各个学科的相关研究有一个基本的、哪怕是大概的了解，否则就会陷入技术主义的犄角旮旯，一叶障目不见泰山。只有对消费者行为有一个基本准确的把握，我们才能有针对性地制定行之有效的政策和措施。

第二节　消费信贷对消费行为影响的相关研究

在对国内外相关文献进行全面收集、阅读和梳理基础上，把消费信贷对消费行为的影响归结为以下几个方面：

一　缓解流动性约束，刺激即期消费

消费信贷作为一种缓解流动性约束、刺激即期消费的制度安排，其积极作用被大量理论和实证研究所证明。Hayashi（1985）、Zelds（1989）的实证研究证明，家庭受到的流动性约束越强，消费相对越少，这种现象在年轻的家庭中尤为明显。Bacchetta 和 Gerlach（1997）利用跨国数据发现消费信贷增长和消费支出增长之间存在着显著的正相关关系，他们还用存贷款利差作为衡量银行信贷条件的代理变量，发现存贷款利差与未来消费总额呈负相关关系。据此得出结论，银行信贷条件的变化能够影响受到流动性约束的消费者的消费行为。Ludvigson（1999）构建了一个流动性约束随时间变动而变动的跨期模型，证明了居民消费行为会受到信贷约束（credit constraints）的影响，并利用美国宏观统计数据，检验了消费与信贷约束和收入增长之间关系，发现消费信贷增长与消费增长之间存在着明显的正相关关系。克罗斯和索尔斯（Cross and Souleles，2002）、Soman 和 Cheema（2002）通过实验检验了信用卡授信额度发生变化时消费者的消费支出变化，发现消费者把授信限额作为其未来赚钱潜能的信号，增加授信限额会导致消费支出的增加。比顿（Beaton，2009）以收紧消费信贷的银行比重作为信用约束的代理变量，利用美国 1966—1996 年的数据，发现消费支出与信用约束高度相关。

易宪容等（2004）认为，消费信贷是扩大内需促进经济增长的重要手段，消费信贷可以在一定程度上预测宏观经济的增长。赵霞和刘彦平（2006）以 1999 年为分界点，通过设置时间虚拟变量，考察了消费信贷对居民消费行为的影响。结果表明，消费信贷的发展一定程度上缓解了流动性约束，从而促进了居民消费率增长率的提高。但该研究只考察了消费信贷开展前后消费对收入的敏感性系数的变化，并没有直接的证据证明这种变化是否由消费信贷引起。黄兴海（2004）、张奎（2009）利用我国城镇居民的相关数据，验证了信用卡消费能够有效提高居民的消费倾向，但对其原因并没有进行深入分析。韩立岩和杜春越（2011）使用省际分类面板数据考察了家庭借贷支出对消费的影响，发现房贷支出对西部居民的消费有显著的正向刺激作用，但是在东部地区，这种作用并不明显。作者推测可能是东部畸高的房价抑制了一般消费支出。郭新华和何雅菲（2010）采用 1997—2008 年相关数据考察了家庭债务与消费和经济增长之间的关系，结果证明家庭债务与消费支出之间存在着格兰杰因果关系。臧恒旭和李燕桥（2012）利用 2004—2009 年中国省际面板数据对消费信贷与我国城镇居民消费行为的关系进行了实证检验，结果表明，城镇居民消费行为对收入变动和信贷条件变动同时呈现出"过度敏感性"（excess sensitivity），但信贷的敏感性系数要远远小于收入敏感性系数；当前的消费信贷主要缓解了居民当期流动性约束，促进了耐用消费品的消费增长，但对于非耐用消费品和服务消费的影响较弱。张艾莲（2012）的实证研究表明，长期消费信贷对经济增长的拉动效果比较明显，但作者并没有清晰界定长期消费信贷的概念。李红军（2013）对宏观经济数据的时间序列分析表明，消费信贷对居民消费行为的影响不显著，而刘锐（2013）利用面板数据的分析则显示城镇居民消费变动与消费信贷变动有正相关关系。值得借鉴的是，刘锐认为消费金融可以分为四个维度：支付工具、风险管理工具、消费信贷和金融资产投资。

二　降低资源配置效率，抑制长期消费

有一部分学者对消费信贷的配置效率和对消费的刺激作用提出质疑：佩雷拉（Pereira，2003）构建了一个模型，证明在企业信用约束和消费者信用约束同时存在的情况下，消费信贷的增长将资金从效率较高的生产部门转移到了效率较低的消费部门。

张五常（2010）经验研究表明，过度消费信贷显著减少了各个群体的储蓄率，降低了经济的长期可持续增长率，因此从长期看会降低大部分人的生活标准。

蔡浩仪等（2005）利用我国省级数据对消费信贷与信用供给和信用配置效率进行实证分析，发现我国消费信贷的发展是以牺牲居民的高储蓄率和中小企业贷款为代价的。

林晓楠（2006）采用1990—2004年我国城镇居民消费的相关数据、张奎等（2010）基于美国1959—2009年的消费信贷和个人消费支出的月度数据，建立向量回归模型VAR，实证研究结论显示，消费信贷对消费具有滞后抑制效应。

樊向前和戴国海（2010）把新增消费信贷（取自然对数）和存贷利率差作为消费信贷条件的代理变量，采用2002—2009年的季度数据进行实证研究，结果显示，消费信贷对我国居民消费的促进作用并不明显。作者认为，这是由于消费信贷资源没有流向最有可能面临流动性约束的低收入群体，但是我们认为，作者的变量选取很值得商榷。在当前的利率制度下，存贷款利差基本上是个常量，而新增贷款绝大多数是住房贷款，用它们作为信贷条件的代理变量是不合适的。

吴龙龙（2010）认为，偿还贷款本息往往会挤出对非信贷产品的现实消费，所以消费信贷对消费的最终作用取决于刺激作用与挤出作用的对比结果。

三 消费信贷的社会和心理效应

随着行为经济学的发展，学者们开始从社会、心理层面探讨消费信贷对消费行为的影响。纽纳等（Neuner et al.，2005）认为，过分轻易地获得消费信贷，带来了一系列严重的经济、社会、心理问题。列文斯通和伦特（Livingstone and Lunt，1992）认为，消费信贷使得消费者对奢侈品、汽车、度假以及其他服务的消费更加容易，加剧了社会攀比，因为大多数人希望享受比他们当前的社会阶层更高的生活。Paquin 和 Squire - Weiss（1998）认为，循环信用和小额分期付款的滥用是导致个人破产率大幅度上升的直接原因，过高的个人破产率带来一系列严重的社会和心理问题。大量的研究结果（Bowers，1979；Zhu and Meeks，1994；Mansfield and Pinto，2008；Chang，2010）证明，针对弱势贫困人群的金融产品往往会导致灾难性的社会后果，因为他们金融知识不足、法律意识淡薄、财务计划混乱，容易陷入恶性循环的债务陷阱。

2008 年爆发的全球金融危机充分暴露了过度负债的消费模式的不可持续，大量反思性研究成果集中涌现。卢萨迪（Lusardi，2009）与市场调查公司 TNS 合作，在美国进行了大规模问卷调查，结果显示，缺乏必要的金融知识是选择不必要和高费率消费信贷产品（即猎杀放贷）以及过度负债的重要因素，而妇女、老人、少数民族等社会弱势群体往往是金融常识最匮乏的人群。埃利豪森（Elliehausen，2010）回顾了行为经济学的大量相关成果，证明了由于消费者的决策行为存在着认知错误和时间不一致问题，消费信贷决策往往并不理性，倾向于急功近利、过于简化问题，存在着启发式认知偏向。张五常（2010）证明了过度的消费信贷显著减少了各个收入群体的储蓄率，降低了经济的长期可持续增长率，因此从长期看会降低大部分美国人的生活标准。斯塔尔（Starr，2010）认为，过度的消费信用会导致消费、生产和就业超过可持续发展的水平，产生极高的社会成本，最终要靠削减赤字、冲销坏账来解决问题。汇丰集团主席葛霖（中译本，2010）认为，消费者很容易被诱使致过度负债，并且因此使资产泡沫膨胀至破裂点。他认为，21世纪的资本主义"需要重新寻找一种焕然一新的道德观来支持"，与之对应，需要建立一种可再生的金融模式。陈宏伟（2013）认为，消费信用创造了一种虚假的需求，并没有真正解决生产过剩问题，而是以消费债务的形式对生产过剩进行积累。

第三节　消费信贷决策影响因素研究

理解投资者的消费信贷决策是如何做出的，有哪些因素会影响消费信贷决策很重要。大量证据表明，即便是在同一国家的同一地区，不同消费者的消费信贷使用情况仍然存在着很大的差异。经济因素（收入）和人口统计因素（性别、年龄、教育程度以及家庭成员数量等）能够给出部分解释，但也不排除其他更深层次的社会和心理因素（如价值观和人格特质等）的影响。对于上述因素对消费信贷决策的影响，人们通过日常的观察不难形成大体的概念，但只有通过实证检验，才能较为精确地验证各假说是否能够成立。大量学者从不同角度入手，致力于验证各种经济、社会、心理变量与消费信贷（负债消费）行为之间的关系，以期发现消费信贷制度对不同消费者群体的不同影响。

一　消费信贷行为影响因素分析

（一）收入

负债消费是一个经济行为，因此最简单的假设是，消费信贷决策的主要决定因素是收入。低收入群体可能更需要使用消费信贷，但是往往面临着较强的信用约束和更多的债务问题（Zhu and Meeks，1994）。Lea等（1993）针对某国有公用事业公司的员工发放调查问卷，将调查对象分为无负债、轻微负债和严重负债三个类别，调查结果显示负债状况与家庭经济状况刚好相反，严重负债的消费者往往处于较低的社会经济阶层：收入低，无房，孩子较多，单亲父母，较为年轻。伯绍德和肯普森（Berthoud and Kempson，1992）的研究也证明了虽然高收入群体负债数额更大，但低收入群体的债务负担（debt burden）①却往往更为沉重。张五常（2010）的经验研究表明，消费信贷对平滑低收入群体的消费行为有明显作用，还能够使中高收入群体的消费和投资模式与高收入群体看齐，但是显著减少了各个收入群体的储蓄率。

臧恒旭和李燕桥（2012）利用 2004—2009 年中国省际面板数据对消费信贷与我国城镇居民消费行为的关系进行了实证检验，结果表明，不同收入层次的居民对信贷条件变化的敏感程度明显不同，中等收入和较高收入组居民的信贷敏感性系数最高，高收入组居民次之，而低收入组和较低收入组居民最低。因此，尽管消费信贷对拉动内需有一定的效果，但仍受到诸多因素制约。清华大学中国金融研究中心在花旗基金会的资助和支持下，于 2008 年开始在全国范围内对城镇居民家庭消费金融状况进行了抽样调查。结果也显示在对消费信贷产品和机构的了解程度上，明显呈现出随着家庭财富层级增高而增高的趋势（廖理，2011）。叶湘榕、尹筑嘉（2010）追溯了美国高负债消费的历史渊源和带来的主要问题，认为对于中低收入阶层的居民，如果收入水平不能得到有效提高，靠消费信贷刺激消费并不能取得良好的效果。

（二）人口统计变量

人口统计变量如同人的标签，涉及人的行为的相关研究一般首先从人口统计变量入手。在消费信贷影响因素研究中，使用频率最高的人口统计变量包括年龄、性别、教育程度，以及家庭成员数量。萨利文（Sullivan，1990）调查显示，25—34 岁的消费者最容易由于过度使用消费信贷而导致个人破产。林奎斯特（Lindqvist，1981）、古德温（Godwin，1997）发现家庭规模的大小与消费者负

———————

① 债务负担是衡量负债程度的变量，一般用消费信贷余额占收入的比表示。

债金额呈正相关关系，即抚养孩子数量较多的家庭往往更容易负债。Zhu 和 Meeks（1994）用分层多元回归模型对信用卡透支数额影响因素进行研究，发现信用卡透支数额与户主的工作状况、年龄以及教育状况显著相关。户主年轻、教育程度高、全职工作比年老、教育程度低和非全职工作有更大的透支数额。作者推测这是因为受教育程度高、全职工作的户主更需要也更容易获得消费信贷。Chien 和 Devaney（2001）的研究结果表明，户主已婚、从事专业技术或者管理工作、受教育程度较高、家庭成员数量较大的家庭消费信贷的数额更大一些。Soman 和 Cheema（2002）针对信用卡授信限额对消费支出的影响进行了实验研究，实验结果显示，授信限额的增加能够明显改变消费者的消费倾向，他们通过测试人口统计变量发现，授信额度对年轻、信用等级低、受教育程度低的消费者影响更为显著。

江明华和任晓炜（2004）从性别、婚姻状况、学历、收入、职业和年龄六个方面全面研究了中国信用卡持卡人的人口统计特征变量与其透支行为和习惯之间的关系。结果显示，35 岁以下持卡人中有透支习惯和透支行为的比率高于 35 岁以上的持卡人，受过高等教育的持卡人中有透支习惯和透支行为的比率高于没有受过高等教育的持卡人。陈斌开、李涛（2011）利用 2009 年"中国城镇居民经济状况与心态调查"数据，细致考察了中国城镇居民家庭资产负债的现状和成因。描述性统计表明，家庭资产随着户主年龄、教育程度和家庭收入水平提高而上升，家庭负债则恰恰相反，家庭资产负债存在明显的地域差异。实证研究发现，户主的年龄、受教育程度和健康状况以及家庭收入和人口规模不仅是家庭是否拥有资产负债最重要的决定因素，也是家庭资产负债额的重要影响因素。进一步研究发现，户主年龄较小、受教育水平较低和健康状况较差以及人口规模较大的家庭更容易受到金融市场不利冲击的影响。

（三）态度变量

许多学者认为，美国 20 世纪 80 年代之后的消费信贷快速膨胀源于人们对金钱和负债态度的改变（Park，1993；Godwin，1998）。

Lea 等（1993）的研究结果表明，社会和心理因素会影响负债状况，严重负债的消费者往往是无神论者，对负债持有更加宽容和放纵的态度。列文斯通和伦特（1992）对英国消费者的研究发现，态度变量（负债态度）对负债和偿债行为均有重要影响。Tokunaga（1993）针对金钱态度的研究发现，那些有较重债务负担的消费者往往认为金钱是权利和威望的来源，并且对自身收入状况更加焦虑。古德温（1998）利用美国 1983—1986 年宏观统计数据验证了居民对信用消费的一般态度和消费信贷余额之间存在显著的正相关关系。斯库利和沃登（Schooley and Worden，2010）利用 SCF（2007）的数据从两个方面对家庭消费信贷行为进行研究：第一，决定负债可能性（likelihood）的因素；第二，决定负债程度的因素。研究结果证实了家庭生命周期和负债态度是负债可能性的决定因素，年轻的家庭倾向于更多地使用消费信贷，那些对负债购买奢侈品和支付日常生活支出持无所谓态度的人更容易借贷。作者建议对公众进行金融教育，以引导和改变其负债态度，加强其财务纪律。

由于态度变量与人口统计变量和经济变量密切相关，因此可能把态度变量作为中间变量来处理会更接近真实世界。Chien 和 Devaney（2001）把负债态度变量进一步细分为对负债消费的一般态度（general attitude），和对某特定项目负债消费的特定态度（specific attitude），运用逐步回归和托比特回归（Tobit gression）分别检验负债态度和分期付款贷款数额以及信用卡透支数额的关系。他们的研究结果显示，负债消费的一般态度与分期付款贷款显著相关，负债消费的特定态度与信用卡透支显著相关。进一步分析显示，人口统计变量和经济变量与负债态度之间存在显著相关关系：户主年龄小、未婚、从事专业技术和管理工作，以及无自有住房和持有较少流动资产的家庭，往往有积极的负债消费一般态度；户主年龄小、受教育程度高、从事专业技术和管理工作，收入较高和持有较少流动资产的家庭，往往有积极的负债消费特定态度。

（四）人格特质（personality trait）

心理学的研究发现，消费者的个人人格特质也是影响消费信贷决策的重要变量。列文斯通和伦特（1992）从心理学、社会学和经济学的角度来研究个人债务问题，研究表明社会人口因素对负债和偿债行为的影响是微不足道的，一些深层的心理因素，如控制点（locus of control）、消费快感等，是非常重要的影响因素。Tokunaga（1993）、沃森（Watson，2009）研究的结果表明，那些无法有效控制自己财务状况的消费者一般呈现较强的外控性（external locus of control）、低效能，认为金钱是权力和威望的来源，很少储蓄，低风险承受和高感官刺激的倾向，更容易对财务状况感到焦虑。相反，那些能很好地管理自己的金钱和借贷行为的消费者，往往呈现较强的内控性（internal locus of control）、高效能，对自身的控制能力较强（Romal and Kaplan，1995；Baumeister，2002）。

二 消费信贷的作用机制

大量经验研究证明，作为一种外生制度安排的消费信贷能够影响消费行为，并且对不同经济收入、人口特征、价值观（体现为态度变量）、人格特质的消费者产生的影响不同。但是，这些研究只是解决了"how"的问题，至于消费信贷为什么会影响消费行为（why），却少有研究者涉及。现有的相关研究，大致可以归纳为以下几个视角：

（一）基于支付方式的视角

信息技术正在以我们难以想象的方式改变着我们的生活，甚至思维方式。赫希曼（irschman，1979）首次提出不同的支付方式在经济和社会特征方面存在着显著的差异，会显著影响消费者的消费行为。作者通过对某一地区某连锁超市的顾客进行随机问卷调查的方式获得一手数据，得出的研究结论是：使用信用卡支付会提高平均消费支出水平，并增加购买的概率。范伯格（Feinberg，1986）通过实验证明，人们用信用卡花钱的时候感觉比较轻松，从而很难控制消费欲望。大量研究（Joireman et al.，2001；Lo and Harvey，2011）证明，冲动购物和信用卡的过度使用有密切关系，这可能是因为信用卡使得支付过程更加简单，消费者感觉不到花钱的痛苦。德金（Durkin，2000）对 SCF 调查数据的分析表明，1970—2000 年美国信用卡未偿余额有了明显的增长，这意味着信用卡已经成为一种重要的循环信用来源，某种程度替代了分期付款产品。消费者对信用卡带来的便利表示欢迎，但是也对负债的不断增加存有忧虑。进一步的分析表明，消费者对信用卡的态度和对其他的信贷产品差不多。这再一次证明了消费信贷永远不会被普遍接受，即使信用的提供者和技术手段改变了，这个结论仍然成立。王文祥（2012）的经验研究表明，中国境内消费总额与银行卡支付额之间已经建立了显著的正向长期均衡关系，银行卡的普遍使用并不仅仅是对现金支付的替代，而且对经济的增长有促进作用。

行为经济学中的"心理账户"（Mental Accounting）理论有助于解释支付方式带来的消费习惯的改变。在传统经济理论中，消费者购买决策的依据是权衡预期效用和购买成本孰高孰低，其中购买成本体现为放弃未来可能的消费机会的成本。而心理账户理论的创立者塞勒（Thaler，1985）认为，消费者心理账户系统遵循一种与经济学运算规律不一致的规则，将特定消费和特定支出象征性联系在一起，从而使个体决策违背经济理性法则。Prelec 和 Loewenstein（1998）延续行为经济学心理账户理论的相关研究，创造性地将"复式记账法"引入心理账户。当消费者做出购买决策时，会体验到即时"支付的痛苦"（pain of paying），这种"支付的痛苦"有着高昂的"享乐成本"（hedonically cost），能够抵消带来的快乐，即"享乐收益"，对消费者的自我控制能力起着很重要的作用。最后消费者感受到的是痛苦还是快乐，取决于心理账户是赤字还是盈余。不同的支付方式，消费和支付这两个环节链接的紧密程度是不一样的。在现金支付中，二者链接得最为紧密，而信用卡支付将消费和支付拆分成两个阶段，弱化了二者的链接。因此，"支付的痛苦"被大大减轻了，计入心理账户的享乐成本也被大大地低估了。在个体层面上，享乐效率（hedonic efficiency）和决策效率（decision efficiency）是矛盾的，支付环节和消费环节链接得越紧密，决策效率越高，享乐效率越低。对于低收入群体，低收入放大了支付的痛苦，因此他们消费起来更加谨慎。而把消费和支出拆分成两个环节，能够大大地缓解支付的痛苦，刺激低收入群体消费。

（二）基于信息不对称的分析

一些学者认为，消费信贷市场的复杂性和信息不对称性决定了消费者很难做出明智的借贷决策，导致了过度负债消费。因此，进行金融教育，加强对消费信贷市场的监管，强制信息披露，清理一些明显有问题的金融产品是非常重要的（Bernanke，2009；Barr，Mullainathan and Shafir，2008）。戴和布兰特（Day and Brandt，1973）研究发现，消费者的信贷决策远没有他们购买产品的决策理性，只有1/4多一点的消费者在使用消费信贷时会选择信贷产品提供者，大部分消费者的信贷决策是由零售商或者银行做出的，或者直接使用信用卡。大量的研究证实了消费者普遍缺乏金融知识，这是选择高费率信贷产品、过多支付信用卡利息，和过度负债的重要原因（Campbell，2006；Lusardi and Mitchell，2006，2007）。卢萨迪和Tufano（2009）通过问卷对受访者的信贷知识进行测试，根据受访者的自我报告判断其过度负债的程度。结果显示，受访者整体信贷知识水平比较低，即使控制住了人口统计变量，也能发现在信贷知识和个人贷款之间存在着很强的相关关系。Biza - Khupe（2008）建立了一个金融信息中介机构对消费信贷决策影响的理论模型，模型的结论是任何一个经济体都有被消费者广为接受的主流信息中介，其影响程度决定了普通消费者金融决策的理性水平。理性水平越低，过度负债和个人破产的比例就越高。金融信息通常是由金融机构来产生和传播的，因此金融机构可以通过信息提供来影响消费者的决策。

（三）基于消费文化的分析

消费文化是影响消费者行为最持久、最广泛、最深刻的因素，消费信贷影响消费行为最根本原因的在于，消费信贷通过改变人们的支付习惯，潜移默化地改变了人们的消费文化。Davis 和 Lea（1995）最早指出消费信贷会改变人们对负债消费的态度，导致人们对负债消费的容忍程度不断提高，形成负债消费的文化。考尔德（Calder，1999）在其著作《融资美国梦》中对美国消费信贷历史做了仔细的梳理，认为负债消费已经成为美国消费文化的一个重要部分，但是美国人并不是天生喜欢负债消费方式的。消费信贷制度是在1915—1930年逐步形成的，这一金融创新极大地扩展了消费市场，并从根本上改变了人们的消费习惯和消费文化。Bernthal、Crockett 和 Rose（2005）的研究表明，消费信贷已经深刻地改变了消费文化，以及消费者之间的社会关系，对消费者行为产生了深刻而长远的影响。斯塔尔（2010）认为，消费者的消费行为是由思维习惯（habits of thought）决定的，消费者习惯于通过提高消费标准来拔高自己的社会经济地位，而以信用卡透支为代表的消费信贷使达到较高的消费标准成为可能，强化了种种"异化"的消费行为。

西方马克思主义经济学家沃金斯（Watkins，2000）延续"资本操纵论"思想，对消费信贷的本质做出了深刻的阐述。沃金斯认为，由于流动性约束阻碍了公司将消费者的资产转变成自己的利润，所以消费信贷就发展起来了，也就是说，消费信贷的发展就是资本家运用公司的力量①去解决流动性约束问题的历程。从公司的立场来看，消费信贷具有几个优势：第一，消费信贷使得在不提高收入的前提下扩大消费支出成为可能；第二，信用卡的持有者能够购买几乎无限的商品，模糊了预算限制；第三，也是最重要的，消费信贷改变了消费者价值观，摧毁了量入为出、提倡节俭的新教伦理。消费者习惯于用借来的钱消费，偿债的义务使得人们不得不工作更长的时间，从事更加繁重的工作。20世纪60年代信用卡的普及和金融监管的放松，彻底扫除了消费者借钱消费的一切障碍。由此导致的储蓄率下降，与其归因于完善的社会保障体系，不如归因于公司的力量和日益加剧的社会不平等。

---

① 所谓公司的力量，是指公司影响经济决策的能力，而这些经济决策会通过就业、工作环境、家庭生活、购买行为等各方面影响千万人的生活。公司的力量源于所控制的大量金融资源，源自对促进消费的制度创新的追求，源自扩大生产、增加收益的本能。

总之，以消费主义为代表的现代消费文化"虽然声称尊崇生命，实际上是让生命贫瘠得毫无意义可言；虽然一直不停地喊着要让人们快乐，但实际上却是阻碍通往真正喜悦的泉源。这种现代的轮回，滋生了焦虑和沮丧，进而把我们培养训练为'消费机器'，让我们贪得无厌，不断往前进"。（索甲仁波切，2011）。而在促成消费社会和消费主义的一系列制度安排中，消费信贷无疑是最重要的一个。

三 现有研究不足及未来研究方向

（一）现有研究不足

现有相关研究存在的最大问题是，首先，所构建的理论模型中变量之间相互关系很难确定。为了更加精确地描述消费行为，研究者们将社会和心理变量引入经济模型，试图构建一个更综合的模型，但对变量之间相互关系的先验假设却过于武断。例如，关于态度变量和消费信贷关系的相关研究都把态度作为解释变量，即先验性地假设态度决定行为，但是实践中态度和行为之间因果关系没有这么简单。在很多情况下，行为也会改变态度。也就是说，对负债消费持有积极的态度会导致负债消费行为，但是，负债消费行为（如信用卡使用经验）也会导致更加积极的负债消费态度。也就是说，态度变量和负债消费行为之间的因果关系是双向而非单向的。有类似问题的还有消费文化与消费信贷之间的关系，一方面，消费信贷制度通过改变对负债消费的态度，形成负债消费文化，进而影响消费行为。另一方面，一个社会主流的消费文化也会影响消费信贷制度的制定和实施。如何在研究中全面、客观反映这些变量之间的相互关系，是一个亟待解决的问题。

其次，在研究方法方面，现有相关研究也存在着不少的缺憾。行为经济学研究引入了心理学现场实验（field experiment）的研究方法，但是大多数的实验结果并不稳健，因为实验结果对实验设计、内容、情境高度敏感。实验问题的设计远比现实生活中决策者面临的决策要简单，由于缺少激励，实验的参与者不愿意仔细地考虑面对的问题，有简化问题的倾向。另外，消费信贷研究的关键在于获得研究所需要的数据，被广为接受的数据获取方式就是对消费者进行抽样调查。由于研究条件有限，绝大多数调查采用的是非概率抽样，其信度和效度大打折扣。在这一方面，美国的经验值得借鉴。在美联储和财政部的联合资助下，美国从 1983 年起开始每隔三年在全国范围内对居民家庭消费金融状况进行调查（Survey of Consumer Finances，SCF）。其内容涵盖居民家庭的资产负债、收入、消费、投资理财行为以及家庭的人口特征，这些数据被广泛地应用于美国政府相关部门和机构以及学术研究单位。

（二）未来研究方向

由于数据缺乏等原因，国内学者对消费信贷的研究才刚刚开始，对于消费信贷影响消费行为背后的社会心理学和行为经济学机理没有深入的分析。正如前文指出的，黄达先生说过，"任何人文社会学科都摆脱不了本民族的文化根基，共同规律在不同文化平台上的显示，却绝非必然雷同"。特别是针对消费信贷的研究，文化根基的不同就更加重要。消费信贷作为一种外部制度安排，必须与经济发展基础和主流消费文化相配套才能发挥作用。因此，如何将文化因素纳入经济模型，构建符合中国文化背景的消费信贷研究框架，是未来研究面临的一项重大课题。

第三章　消费信贷对消费者行为的影响：一个理论模型

　　本章的目的是在传统经济学分析框架下构建一个理论模型，将消费信贷变量加入经典的消费者选择模型，以分析消费信贷对消费者行为的影响。本章首先回顾传统经济学解释消费者选择行为的两个经典模型：费雪模型（Fisher，1930）和兰卡斯特模型（Lancaster，1966；Becker，1971）。费雪模型的优点是将消费信贷因素纳入消费者跨期消费行为分析，不足是仅仅把消费者视为一个纯粹的消费单位。兰卡斯特模型的优点是借鉴了公司金融理论思想，将消费者视为一个追求未来收入现金流最大化的微型生产单位。其不足是，模型没有考虑消费信贷因素。本章的贡献在于将这两个模型综合在一起，分别建立两时期和多时期的消费者行为分析模型，考察消费信贷对消费者行为的影响。

第一节　传统经济学对消费信贷作用的认识

一　消费信贷在经典消费者选择理论中的长期缺位

　　在古典经济学的消费者选择理论中，消费信贷的作用一直被忽视。这是因为经典的消费者选择理论，其主要目标不是解释消费者的选择行为，而是构建一个精致的理论框架，分析完全竞争市场上的资源有效配置问题。传统经济学把整个社会划分为生产部门和消费部门，而消费者被视为一个纯粹的消费部门，在收入（预算约束）和商品价格已知的假设下，理性地分配收入构建消费组合，以获得效用最大化。在这样的理论框架下，消费者不需要资本金，因为它不是一个生产单位。仅仅为了纯粹的消费目的借贷，被认为是非理性的。

二 消费信贷与跨期资源配置

首次将消费信贷引入消费者行为理论的是生命周期理论（Modigliani and Brumberg，1954，1980）。该理论一经提出，就成为经济学家分析消费者行为的一个基本框架，其核心思想是消费者会根据自己的财富和一生的收入情况，平滑其生命周期内的消费以使得总效用最大化。消费者平滑生命周期内消费的方法，就是在暂时性收入高时储蓄，在暂时性收入低时负债。生命周期理论和持久收入理论蕴含着这样几个关键假设：（1）消费者时间偏好一致（time-consistent），即各期的时间贴现率恒定；（2）消费信贷可得性（accessibility），即消费者在需要利用负债的时候，能够方便地获得消费信贷；（3）消费者完全理性（rationality），能够合理地预期未来的收入并进行跨期最优资源配置。

三 消费信贷在缓解不确定和流动性约束方面的作用

由于生命周期理论的假设太强，很难经受实证检验，后来的学者将不确定性和流动性约束引入消费者选择模型。继利兰（Leland，1968）提出为预防未来收入不确定性对消费的冲击而进行的额外储蓄之后，弗莱文（Flavin，1981）和迪顿（Deaton，1987）将不确定条件下的消费和储蓄行为归结为"预防性储蓄"（precautionary saving）：消费者进行预防性储蓄的根本原因在于对未来收入不确定性的预期，这种储蓄是为了防范由未来收入不确定性而引起的当期消费水平降低。收入不确定性导致的预防性储蓄动机对消费的负面冲击在实证研究中得到广泛的支持（Carroll et al.，2003；Benito，2006），对发展中国家的研究也基本证实了这一假说（Chamon and Prasad，2010）。流动性约束理论的基础是 Jappelli 和 Pagano（1994）建立的流动性约束理论模型，该模型假设金融市场存在摩擦和不完全性。在此之后的学者对消费信贷的研究，基本上都集中在验证消费信贷在有效缓解流动性约束、提高消费倾向的作用上。

四　一个简要的评述

从上面的回顾可以看出，主流经济学对消费信贷的认识经历了一个从无到有、从浅到深的过程。但是，无论是完全没有考虑消费信贷的新古典消费者选择理论，还是考虑到消费信贷的生命周期理论和流动性约束理论，一个共同之处是都把消费者视为一个纯粹的消费单位。相关理论证明，即便是作为纯粹的消费单位，利用消费信贷也是理性的。这是因为消费者收入的现金流入与消费需求并不可能在时间上完全一致：在一个人年轻的时候，会发生很多刚性支出，可能需要预支未来收入；而在一个人收入达到一生中的峰值的时候，可以偿还早期贷款并且累积一定的资产；当一个人年老力衰收入下降的时候，往往需要消费壮年时候储蓄的资产。通过一系列的贷款和储蓄决策，消费者能够平滑整个生命周期的消费水平。因此，消费信贷能够实现跨期的资源有效配置，从而提高消费者在整个生命周期里的福利水平。

第二节　经典的消费者选择理论模型回顾

最早对消费者选择行为构建模型的是费雪（Fisher，1930），费雪模型将消费信贷纳入分析框架，清晰分析了利率对消费者的跨期投资和消费决策的影响。但是，在费雪模型里，消费被视作纯粹的消费单位，追求效用最大化是其唯一的经济目标。

一　费雪模型

费雪设计了一个两年期的简易模型来分析消费者的投资和消费行为。模型的隐含假设是，作为理性人的消费者总是按照效用最大化原则来分配自己的收入。

（一）最简单情况：利率为零

如图 3-1 所示，Y_1 代表第一期的收入，Y_2 代表第二期的收入，假设贷款利率和存款利率为零，则消费者所有的可能消费组合可以

用预算线 V_1 表示，这条线上的点为 Y_1 轴和 Y_2 轴上所有的 $Y_1 + Y_2$ 点，它代表了在给定所有收入的条件下第一期和第二期的所有消费组合。在利率为 0 的情况下，收入现金流的现值为：

$$V_1 = Y_1 + Y_2 \tag{3.1}$$

假设消费者没有时间偏好，即图 3-1 中无差异曲线 U_1 与预算线正切于 A 点，A 点与原点之间的连线与 X 轴呈 45°夹角。因此，在利率为 0 的假设前提下，消费者的最优选择是第一期消费 C_1，第二期消费 C_2，且 $C_1 = C_2$；第一期的贷款金额为 S_1，第二期的盈余为 S_2，且 $S_1 = S_2$。

（二）放松假设：利率大于零的情况

在利率为正值的情况下，模型中收入现金流的现值为：

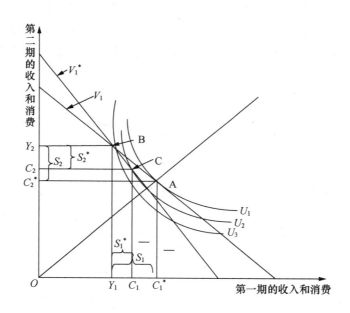

图 3-1　两时期消费者的消费行为选择

$$V_1 = Y_1 + \frac{Y_2}{1 + i} \tag{3.2}$$

在这种情况下，消费者对应的为一条更接近原点的无差异曲线

U_2，此时的无差异曲线与新的预算曲线相切于 C 点。在消费者没有时间偏好、市场利率为正的情况下，消费者将会将第一期部分消费推迟到第二期进行。新的消费组合为 C_1^* 和 C_2^*，第一期贷款为 S_1^*，第二期的盈余为 S_2^*，且 $S_1^*(1+i) = S_2^*$，消费者预算线的斜率为 $(1+i)$，在无差异曲线上的时间偏好率为 $(\Delta C_2 - \Delta C_1)/\Delta C_1$ 或 $\Delta C_2/\Delta C_1 - 1$ 或 t，因此，无差异曲线的斜率可以表示为 $(1+t)$，在切点处，时间偏好率与利率相等。

　　从以上分析中，可以得出两个结论：第一，利率增加对债务人不利，有贷款的消费者的无差异曲线将左移至 U_2；第二，即便利率为正，借款也能提高消费者的效用水平。在图 3 – 1 中，如果不借款，消费者的消费组合为 Y_1、Y_2，所对应的无差异曲线为更加偏向原点的 U_3。

　　（三）进一步放松假设：考虑投资的情况

　　在这一部分，我们把消费者的投资行为也加入到模型里。消费者的投资行为是指消费者为了获得未来的资产性收入而减少当期消费，或者为了获得未来的资产性收入而借款，常见的投资行为有教育投资、经营投资、股票投资等。图 3 – 2 中，假设利率大于零，给定消费者的初始收入为 Y_1、Y_2，则收入的现值，即预算线为 V_1，V_1 经过 A 点。投资组合曲线为 P_1，穿过 A 点，这条线反映了放弃一单位的当期消费第二期可以获得的投资收入的大小。投资组合曲线为凹形，这是因为当期收入用于投资的边际收益率递减。当然，只要投资组合曲线的斜率大于消费预算线，消费者将放弃当期消费以获得比利率更高的投资收益。设内部收益率为 P，$P = \dfrac{\Delta Y_2 - \Delta Y_1}{\Delta Y_1}$ 或 $\dfrac{\Delta Y_2}{Y_1} - 1$。

从图中容易看出，可获得的最优预算线为 V_1^*，与 P_1 正切于 B 点。在这一点，投资组合曲线与消费预算线斜率相等。

　　已知投资组合曲线的斜率为 $(1+P)$，消费预算线的斜率为 $(1+i)$，当两个斜率相等即 $i = P$ 时，切点 B 处的现值为最大，此时投资的边际收益率与资金边际成本相等。在 B 点，消费者收入现金流的现值为最大。容易推出最佳消费组合为无差异曲线上的 C 点，即

第一期的消费为 C_1^*，第二期消费为 C_2^*，在 C 点 $i = p = t$。原始收入现金流为 Y_1、Y_2，经过投资后新的收入现金流为 Y_1^* 和 Y_2^*，此时收入现金流的现值大于初始收入现金流现值。假设第一期的投资为 I_1，贷款为 B_1，消费者在第二期的收入将从 Y_2 增长至 Y_2^*，留余为 L_2，且 $L_2 = B_1 (1 + i)$。

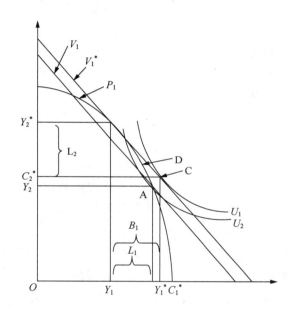

图 3 − 2　两时期消费者的消费和投资行为选择

从以上分析中，可以得到两个结论：第一，如果穿过 A 点的投资组合曲线斜率上升，投资的内部收益率也将上升，这将提高消费者的福利水平，因为此时对应的是更高的预算线和无差异曲线；第二，如果市场利率升高，效用则恰恰相反，因为借款成本增加了，消费者将面临一个更低的无差异曲线。

二　兰卡斯特和贝克尔模型：将消费者视为生产单位

兰卡斯特（Lancaster，1966）开创性提出，消费者个体（或者消费者）可以被视为一个小的生产部门，像公司一样，也有投入和产出的权衡，也要进行资本积累和资本预算。贝克尔（Becker，

1971）受到兰卡斯特的启发，构建了作为生产单位的消费者选择模型。把消费者个体或者家庭视为一个微小的生产单位，即一个微小的"公司"。这个"公司"也需要购买生产资料（消费组合）、累积资本（包括消费者资产和人力资本），"公司"的产出就是消费者本人的劳动能力，而劳动能力决定了未来收入的大小，最终体现为消费品质或者说生活品质。当消费者被视为一个微型生产单位，他的行为决策需要遵循以下三个原则：第一，选择最优的投资方案，使其未来收入现金流的现值最大化；第二，通过技能水平来提升自身的劳动能力；第三，选择最优消费组合来实现效用最大化。模型的基本假设如下：

$$U = U(Z_1, Z_2) \tag{3.3}$$

$$C_1 = C_1(Z_1) \tag{3.4}$$

$$C_2 = C_2(Z_2) \tag{3.5}$$

$$Y_1 = C_1 + C_2 \tag{3.6}$$

式（3.3）的含义是消费者的效用 U，取决于两个消费组合 Z_1 和 Z_2（比如是食品和房屋）；式（3.4）表示用于提供 Z_1 的成本，C_1 是 Z_1 的因变量；式（3.5）表示用于提供 Z_2 的成本，C_2 是 Z_2 的因变量；式（3.6）表示获得消费服务花费的总成本必须与总收入相等。模型假设提供消费组合的边际成本是递增的，同时，劳动力是有限的。Z_1、Z_2 是由购买的消费商品、耐用消费品、人力资本和既定的技能水平决定的。

给定任意 Z_1 的水平，可以得到 Z_1 的成本即 C_1。知道 C_1 和总收入，可以计算出 C_2 和 Z_2。Z_1 和 Z_2 的关系可由图 3-3 中的生产转化曲线 T_1 表示。如果两个消费组合的成本均上升，则生产转化曲线将会由底部呈现更加大幅度的凹形。从生产转化曲线的右端到左端可以看出，为了获得一单位的 Z_2 必须放弃的 Z_1 为多少，同样，由于总费用是固定的，因此曲线的斜率等于 Z_1 的边际成本率与 Z_2 的边际成本率之比，则在生产转化曲线上任何点都满足 $\dfrac{\Delta Z_2}{\Delta Z_1} = \dfrac{MCZ_1}{MCZ_1}$，通过在生产转化曲线上加入效用函数可以找到使消费者效用最大化

的 Z_1、Z_2 生产组合,即 A 点的 Z_1^* 和 Z_2^*。生产达到平衡点时 Z_1 的边际成本率与 Z_2 的边际成本率之比等于 Z_1 的边际效用与 Z_2 的边际效用之比,等同于生产 Z_1 和 Z_2 的边际转化率必须等于消费 Z_1 和 Z_2 的边际替代率。

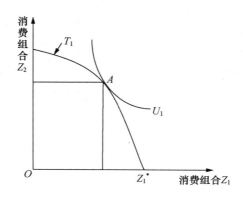

图 3 – 3　最佳消费组合

从以上分析可以推导出消费者可以通过以下三条途径提高效用水平:第一,学习更有效率的技能以提高消费效率;第二,提高收入;第三,商品价格下降,从而减少消费成本。

第三节　消费信贷对消费者行为影响模型

一　两时期的消费者行为模型

这一部分在兰卡斯特(1966)和贝克尔(1971)的模型的基础上,加入消费信贷因素,先分析两时期的情况,再拓展到整个生命周期。假设 Z_1 是第一期的消费组合,Z_2 是第二期的消费组合。消费者的效用取决于第一期和第二期的消费组合 Z_1 和 Z_2。模型基本假设如下:

$$U = U(Z_1, Z_2) \tag{3.7}$$

$$C_1 = C_1(Z_1) \tag{3.8}$$

$$C_2 = C_2(Z_2) \tag{3.9}$$

$$CV_1 = C_1(Z_1) + C_2(Z_2)^{\frac{1}{1+i}} \tag{3.10}$$

$$V_1 = Y_I + Y_2^{\frac{1}{1+i}} \tag{3.11}$$

$$V_1 = CV_1 \tag{3.12}$$

式（3.7）是表示时间效用函数，取决于两时期的消费组合；式（3.8）表示第一期的消费支出成本取决于消费组合的水平；式（3.9）表示第二期的消费支出成本取决于第二期的消费组合水平；式（3.10）表示总消费支出的现值等于第一期的消费支出加上第二期消费支出的现值；式（3.11）表示两期收入的现值，如果消费者做出了最合适的投资决策，则消费者收益流现值为最大化；式（3.12）表示收入的现值等于总消费支出的现值，同时，我们要求所有的收入必须是进行跨期使用。

假设生产 Z_1 和 Z_2 的边际成本为递增，则在收入现值约束下，利用两个成本函数可以画出现在和未来消费服务的无差异曲线，与图 3-3 的无差异曲线类似。图 3-4 中给定生产转化曲线为 T_1，曲线的斜率为第一期消费服务的边际成本与第二期消费服务的边际成本之比，回报率为 r，$r = \dfrac{\Delta Z_2}{\Delta Z_1} - 1$，$\dfrac{\Delta Z_2}{\Delta Z_1}$ 等于 Z_1 的边际成本与 Z_2 的边际成本现值之比，即 $\dfrac{\Delta Z_2}{\Delta Z_1} = \dfrac{MCZ_1}{MCZ_2}$，因此 $r = t$ 时由于 MCZ_2 小于 MCZ_1 则 r 与 t 均大于 i。

通过在无差异曲线中加入效用函数，可以找到第一期和第二期的最优消费服务水平，即 A 点：Z_1 轴上的 Z_1^* 和 Z_2 轴上的 Z_2^*。在这一点上，回报率 r 与时间偏好率 t 相等。在 Z_1^* 和 Z_2^* 已知的情况下，通过两个成本函数计算出第一期和第二期的最佳消费支出。在图 3-1 费雪模型的基础上画出图 3-5，将由 $Z_1^* Z_2^*$ 得出的 C_1^* 和 C_2^* 在图 3-5 中绘出，即为点 A，则 A 点是最佳消费支出点，消费者将在第一期借入 B_1，第二期将偿还 L_2，$L_2 = B_1(1+i)$。

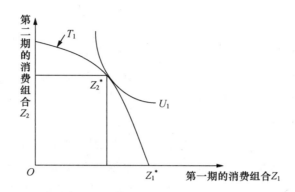

图3-4 两时期最佳消费组合的选择

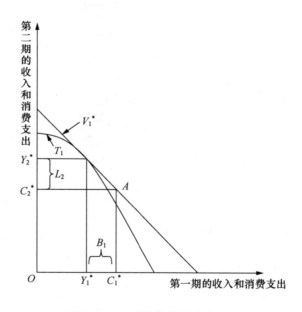

图3-5 两时期的最佳消费支出

从以上分析可以得出的结论是，在两时期模型中消费者可以通过以下途径提高效用水平：第一，增加原始收入；第二，改变投资策略；第三，市场利率降低；第四，商品价格下降，从而降低消费成本；第五，生产 Z_1 或 Z_2 的技术手段改变。

达到平衡状态要求投资的边际收益等于市场利率，生产 Z_1 和

Z_2 的边际转化率必须等于消费 Z_1 和 Z_2 的边际替代率。消费过程中用于生产 Z_1 和 Z_2 的产品价格相等,所隐含的产品边际价值也相等。

这个模型的优势在于,为消费者追求效用最大化提供了有价值的政策建议,并分析了借款利率变化对消费行为的影响。但是,这个模型也有明显的局限,主要体现在假设条件过于严格:我们假设消费者未来收入、投资机会、利率、商品价格、消费技术手段和偏好均为已知。并且,金融市场没有摩擦,消费者可以任意获得消费信贷透支未来收入,只需要支付利息。

显然,这个完美的世界在现实生活中是不可能存在的。无论投资,还是消费,都存在着不确定性,消费者既没有足够信息来做出最优的消费决策,也不可能做出价值最大化的投资决策。由于未来收入通常是不确定的,因此消费信贷的获得是有条件的,即信贷约束普遍存在。未来收入现金流的大小和不确定性决定了消费者能否获得贷款,以及获得多少贷款。贷款的成本除了利率以外,还包括其他服务的费用,除了贷款成本外,期限和首付也会影响消费者获得和偿还贷款能力。

二 多时期的消费者行为模型

(一) 以收入现金流现值最大化为目标的消费者行为模型

上面的模型只解决了消费者两时期的跨期选择问题,而我们知道消费者的资产是逐年累积。一个可能的解决方法是将公司金融理论用于分析消费者的金融行为。假设消费未来收入的现金流是一个永续年金,在生命周期内可获得的收入的现值是:

$$V_1 = \frac{Y_1}{i} \tag{3.13}$$

如果消费者的当前收入有部分将进行储蓄,且期望消费支出能以一个稳定的增长率逐年增加,则生命周期内的收入现值可以用下列等式表示:

$$V_1 = \frac{(1-s)Y_1}{q-g} \tag{3.14}$$

其中，Y_1 代表当前收入；s 代表储蓄率，即为当前储蓄 S_1 与当前收入 Y_1 之比；$1-s$ 代表消费率，即为当前消费与当前收入之比；$(1-s)Y_1 = C_1$，是指当前的消费支出；g 代表消费支出预计增长率；q 代表投资的内部收益率或消费支出现值所能产生的明确收益，由于资金限制，这部分收益可能超过消费信贷的利率。

接下来对以下符号定义：

Yn_1 代表扣除利息支出后的当前净收入；

A 代表扣除累计折旧后消费者拥有的总资产价值；

D 代表消费者的负债总额；

$E = A - D$ 代表消费者的净资产或权益资产，这些也是过去的累积总和；

i 代表消费信贷的借款利率；

iD 代表当前应支付的借款利息；

$p = \dfrac{Y_1}{A}$ 代表扣除利息支出前的收入与总资产之比，即资产收益率，由此 $pA = Y_1$。

由以上的定义可得出以下公式：

$$Yn_1 = pA - iD \qquad (3.15)$$

将式（3.15）除以 E，得：

$$\frac{Yn_1}{E} = p\,\frac{A}{E} - i\,\frac{D}{E} \qquad (3.16)$$

令 $e = \dfrac{Yn_1}{e}$，则 e 为净收入与净资产之比，即净资产收益率；令 $L = \dfrac{D}{E}$，则 L 为净资产负债率或财务杠杆率。同时有 $\dfrac{A}{E} = \dfrac{D}{E} + \dfrac{E}{E} = (L+1)$，即 $\dfrac{A}{E}$ 为权益乘数。根据以上等式可得：

$$e = (L+1)p - Li \qquad (3.17)$$

由式（3.17）可知净资产收益率的大小取决于资产回报率 p、净资产负债率 L 和借款利率 i。

$$S_1 = s(pA - iD) \qquad (3.18)$$

因此，将式（3.18）两边同时除以 E，可得：

$$\frac{S_1}{E} = s\left[(L+1)p - L_i\right] \quad\quad\quad (3.19)$$

令 $\frac{S_1}{E} = g$，则 g 为当前储蓄与净资产之比，表示净资产的增长速度。即得：

$$g = s\left[(L+1)p - L_i\right] \quad\quad\quad (3.20)$$

由式（3.20）可知，消费者净资产增速等于储蓄率与资产回报率的乘积。

如果资产积累的速率与资产收益率相同，则消费者的资产可以以一个固定比率增长。给定资产收益率、消费者储蓄率、资产、净资产和收入，则消费支出也将以固定的增长率 g 上升。运用这个方法，消费者的效用函数没有纳入考虑范围，但是在凯恩斯的宏观经济模型中，储蓄率可以看作反映个体对于现在和未来的消费偏好，因此我们也在此将消费者的储蓄率看作消费者对于现在和未来的消费偏好。

如果当前消费者的资产收益率 p 已经给定，且消费者内部收益率 q 也已知，则要解决的问题是找出能使消费者收入现金流现值最大化的最优金融决策。决定问题的可变因素为储蓄率 s 和净资产负债率 L。由于在消费者资产逐渐增多的情况下，消费者的资产收益率并不为确定值，因此假设 F 为使消费者的资产收益率为固定值所需的成本，称之为增长成本，这些成本是使消费者在资产增长的同时维持固定的资产收益率所需要的花费，例如：找寻新的投资机会的成本、获取额外的技术和培训的成本，因此，因储蓄而减少当前消费的隐性成本增加。我们假设 $f = \frac{F}{E}$ 为净资产增长的成本率，则消费者净资产增长的等式可写为：

$$g = s\left[(L+1)p - L_i\right] - f \quad\quad\quad (3.21)$$

根据分析还做如下假设：

$$i = i(L) \quad\quad\quad (3.22)$$

$$f = f(s) \tag{3.23}$$

式（3.22）表示消费者借款的利率取决于净资产负债率，它同时与未来收入现金流的大小和稳定性有关。为了简化问题，假设收入现金流的大小已知，并且稳定，则这两个因素造成的不确定性不在我们的考虑范围之内。由利率与净资产负债率的关系可知，当净资产负债率 L 增加时，利率 $i(L)$ 也增加。

式（3.23）表示消费者实现净资产增长率为固定值的成本率取决于储蓄率。事实上，储蓄率的增加将带动增长成本的增长，当储蓄为 0 时，消费者的资产不会有所增长；当储蓄率上升时，假定 $f(s)$ 将以一个不断增长的比率上升。将式（3.22）与式（3.23）代入式（3.21）中，得：

$$g = s[(L+1)p - L_i i(L)] - f(s) \tag{3.24}$$

将式（3.24）代入式（3.14）中，得：

$$V_1 = \frac{(1-g)Yn_1}{q - \{s[(L+1)p - L_i i(L) - f(s)]\}} \tag{3.25}$$

现在的问题变成，寻找能够使 V_1 最大化的 L 和 s 值。对 V_1 求 L 和 s 的偏导，通过计算可以得到以下结果。

$$p = \frac{\partial i}{\partial L}L + I \tag{3.26}$$

$$\frac{Yn_1}{V_1} = (L+1)p - L_i - \frac{\partial f}{\partial s} \tag{3.27}$$

式（3.27）又可写成：

$$\frac{Yn_1}{V_1} = e - \frac{\partial t}{\partial s} \tag{3.28}$$

式（3.26）表示借款的边际成本与资产的回报率相等，式（3.27）和式（3.28）表示当前收入等于当前收入与消费者收入现金流现值之比，等于边际增长率对储蓄率的偏导数。

净资产负债率和储蓄率的取值选择在图 3-6 和图 3-7 中展示。从图 3-6 中可知，净资产收益的最佳取值为 $p(L+1)$，其含义是扣除借款利息之前的净资产收益率。$i(L)L$ 为借款利息成本与净资产的比值，在 L^* 处，净资产收益率为最大化，此时净资产收益率与边际借款利息成本与净资产的比值相等。在图 3-7 中可知储蓄率的最佳取值，为最高现值曲线上的 s^* 处。回顾收入现金流现值公式 $V_1 = \dfrac{(1-s)Yn_1}{V_1}$，则消费者净资产增长率的表达式为：

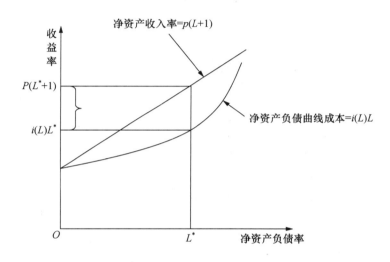

图 3-6　最优净资产负债率选择

$$g = q - \frac{(1-s)Yn_1}{V_1} \qquad\qquad (3.29)$$

这个可以被叫作独立价值曲线，对于给定的 V_1 和 Yn_1，独立价值曲线为一斜率为 $\dfrac{Yn_1}{V_1}$ 的线性函数，现值 V 的升高将使得曲线上升的斜率降低。接下来的主要目的是通过独立价值曲线与增长曲线找到最高价值 V，通过图 3-7 可知，最高价值 V 为增长率为 g^*、储蓄率为 s^* 时的 V^*。

从以上模型的分析可以得出如下结论：消费信贷借款利率的上涨使得消费者不得不减少借款，同时也降低了净资产收益率，这也使得增长曲线斜率下降，储蓄率、增长速率和收益率的净现值减小。而消费者投资收益率上升则有相反的作用，资产负债率和储蓄率均上升，增长率和收入现金流的现值将增大。

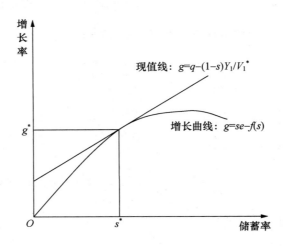

增长率

现值线：$g=q-(1-s)Y_1/V_1^*$

增长曲线：$g=se-f(s)$

g^*

O　　　　　s^*　　　　　储蓄率

图 3 - 7　使未来收入现金流最大化的消费者行为

（二）以消费支出增长率最大化为目标的消费者行为模型

上面模型借鉴了公司融资决策的理论模型，在此基础上进行了一些修改，但仍然存在一些不妥。比如：首先，模型假设的是在生命周期内的永续收入，这个假设对于企业来说是合理的，但对于消费者来说不是很合理；其次，企业的股票上市交易，其净资产的市场收益有相对精准的衡量标准，而且公司的资产与它的净现金流之间有密切的关系。但是，消费者不可以通过发行股票获得净资本的增加，消费者储蓄率的内部收益率是主观的一个设想。最后，消费者收入现金流的现值取决于这个主观的内部收益率，因此，谈论如何使消费者收入现金流的现值最大化可能并不是十分有实际意义。

规避以上问题的一个可能的方法是，假设消费者追求的目标是消费支出的增长率最大化，通过对式（3.24）求最大值，即对 L 和 s 求偏导即可，结果如下：

$$p=p=\frac{\partial i}{\partial L}L+I \tag{3.30}$$

$$(L+1)p - L_i = \frac{\partial f}{\partial s} \qquad\qquad (3.31)$$

式（3.31）也可以写成：

$$E = \frac{\partial f}{\partial s} \qquad\qquad (3.32)$$

式（3.30）与之前最大化收入现金流现值模型描述一样，式（3.31）和式（3.32）表示净资产收益率必须等于边际增长成本，与式（3.27）描述模型中类似的结果是：

$$e = \frac{\partial f}{\partial s} + \frac{Yn_1}{V_1} \qquad\qquad (3.33)$$

以上公式的分析结果在图 3-8 中体现。在 s^* 处可得到消费者消费支出增长最大值，此时净资产收益率等于边际增长成本，增长率 g 为消费支出增长率，在消费技术手段不变情况下，g 也为消费服务的增长率。如果投资于消费技术手段可以获得正的投资收益，那么消费服务的增长率将快于消费支出增长率。由以上分析可得出结论：以消费支出增长率最大化作为追求目标的消费者，比以收入现金流现值最大化为价值目标的消费者有更高的储蓄率。

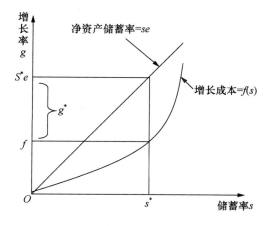

图 3-8 使消费增长率最大化的消费者行为

第四节　模型结论和消费信贷
发展的政策建议

一　模型的主要结论

（一）费雪模型的结论

费雪模型虽然非常简单，却证明了一个非常重要的命题：为了实现跨期消费效用最大化，消费者根据自己未来的收入状况，在当期借钱消费是理性的。不同消费者的时间偏好并不一致，时间偏好的大小用未来收入的贴现率来衡量，当消费信贷的借款成本与表示时间偏好的贴现率一致的时候，消费者能够实现效用最大化。

费雪模型的第二个启示是：如果消费者的当期收入不仅仅用于消费，还有一部分用于投资，那么其未来收入现金流的现值会增加。考虑消费信贷因素（即允许消费者借款消费，把省下来的当期收入用于投资），当投资的内部收益率与消费信贷的市场利率相等时，消费者未来收益的现值达到最大值。

（二）兰卡斯特模型的结论

兰卡斯特模型最大的启示在于，不再将消费者视为一个纯粹的消费主体，而是创造性地提出消费者本身就是一个微型的生产单位，消费的目的是为了提高个人的生产和消费能力。兰卡斯特模型首次将消费者技能这一因素加入了模型，提出理性的消费者应该放弃当前的部分消费，去参加教育、培训，以便提高自己的技能水平。当技能水平提高带来的收益率等于消费者时间偏好率时，消费者的效用达到最大化。

（三）加入消费信贷因素模型的结论

由于兰卡斯特模型完全忽视了消费信贷因素，所以在本书的最后一部分中，我们构建一个新的模型，运用公司金融的理论来分析消费者行为。这种方法的优点有以下三个方面：首先，通过将消费者储蓄率引入到模型中，省略了消费者效用函数。这么做的理论依据是，一般认为边际储蓄倾向能够代表消费者的跨期决策；其次，在模型中我们通过让边际借款成本随着净资产负债率的上升而上升，这样就考虑并体现了现实生活中消费信贷可获得性带来的信贷约束；最后，通过引入一个加速增长的成本因素，来确定消费者的最佳储蓄率、净资产增长率和收入现金流现值。

这个模型也存在很多局限性。首先，对于消费者的资产、收入、净资产的会计定义大界定并不清楚，这就使讨论无法建立在一个精确清晰的基础上。其次，大部分消费者的收入来源都是工资收入，而不是投资收入。最后，虽然消费者的所有资产都可以作为抵押品获得贷款，但是决定消费者偿债能力的只有能够产生未来收入现金流的资产。正是因为存在以上局限性，我们采取了一个可替代的方法，假设消费者以消费增长率最大化率为价值目标。在这个假设下，家庭资产的银行收益率可以忽略，关注的重点在于资产的累积。模型得出的主要结论是：消费者应该充分利用消费信贷来提高自己的消费水平，借款金额在借款的边际成本与家庭资产的边际收益率相等的时候达到最优。

二　消费信贷发展的政策建议

本章创新之处在于把消费者视为一个微型的生产单位，靠提供服务产生未来收入现金流。因此，消费者倾向于增加其可以生息的资产和耐用资产，以使其未来现金流的现值最大化。家庭所有的资产，包括实物资产和非物质资产（金融资产、财产权利和人力资本），理论上讲，都可以用于抵押或者质押获得贷款。实际上，只有可以带来未来现金流的资产才能形成实实在在的还款能力，因为如果一笔贷款必须靠拍卖抵押或者质押资产才能得到清偿，这无论如何都不是一笔优质的贷款。

对于金融机构来说，为了减少消费信贷的风险，可以采取以下两种方法：第一，开发能够满足消费者贷款需求的"一揽子"信贷产品。所谓的"一揽子"贷款，是指为消费者量身定做可以满足其所有的短期和中期的资金需求的贷款产品，同时以消费者的资产做抵押或者动产质押。通过更多的一揽子贷款，在贷款规模扩大的同时，金融机构的贷款风险也在减小，这也使得消费者信贷产品的成本降低。第二，向消费者提供金融咨询顾问服务，让消费者像公司一样可以得到专业的融资建议。这些金融顾问会制定消费者金融计划和信贷计划，并且通过与提供贷款的各类金融机构合作，降低消费者的贷款成本。为了使金融机构可以有效持续地为消费者提供金融咨询服务，消费者应该接受非常严格的财务纪律。

总之，未来消费者信贷领域发展和创新道路漫长。我们应该改变自己的观念，借款消费并不一定是件坏事。有些消费者个人和家庭可能永远都有未偿还的借款，只要他们能够保持一个合理的资产负债率和良好的债务偿还能力，就应该允许他们通过消费信贷来提高自己的生活水平，或者通过利用消费信贷来增加未来收入。像公司一样，理性的消费者也应该合理利用财务杠杆。

第四章 基于 Logistic 模型的消费信贷行为影响因素分析

第一节 消费信贷行为影响因素

一 文献综述

（一）消费信贷行为影响因素

前期相关研究发现，消费信贷行为主要受到收入、年龄、教育程度、信用态度和消费文化等因素的影响。

1. 收入

收入被认为是影响消费信贷行为的最重要的因素，对于收入的影响现有的相关研究并未达成一致的结论。利文斯通和伦特（1992）认为，大多数人会选择比实际的社会阶层高一级的阶层作为参照群体，为了达到参照群体的生活标准，人们倾向于利用消费信贷实现提前消费，因此，中低收入人群是使用消费信贷的主体。Zhu 和 Meeks（1994）的研究也显示，低收入群体更倾向于使用消费信贷，但是往往面临较强的信贷约束和更多的债务问题。与此相反，张五常（2010）、克鲁克（Crook，2006）、刘晓欣和周弘（2012）、臧恒旭和李燕桥（2013）等的研究显示，中高收入群体更倾向于使用消费信贷，因为它能够使中高收入群体的消费和投资模式向高收入群体看齐。

2. 年龄、教育程度

一般认为，年轻人更倾向于借钱消费（Drentea，2000；江明华和任晓炜，2004；刘晓欣和周弘，2012），而且更容易错误地使用消费信贷，导致过度负债（Berlin，2014）。卢萨迪（2009）、迪斯尼和加瑟古德（Disney and Gathergood，2013）的研究显示，教育程度低和缺乏必要的金融知识是选择不必要和高费率消费信贷产品，以及过度负债的重要原因。

3. 价值观、态度和消费文化

沃森（Watson，2003）认为，物质主义倾向严重的消费者使用消费信贷的概率更大。大量研究证明积极的信用态度会导致更多的消费信贷行为（Schooley 和 Worden，2010；Pattarin 和 Cosma，2012；黄卉和沈洪波，2010；王丽丽等，2010）。杨蓬勃（2014）从自我控制的消费文化视角，证明了消费文化可以通过影响消费者的需求层次来影响消费信贷行为。

（二）现有研究不足及主要研究目标

国外关于消费信贷行为影响因素的研究，大多基于发达国家完善的社会保障背景。大量研究证明（如杭斌和郭俊香，2009），由于我国社会转型过程中存在着较大的不确定性，以及社会保障体系不完善，预防性储蓄在居民储蓄中占相当大的比重。这种由不确定性导致的预防性动机是否会影响我国消费者的消费信贷行为？这一点在现有研究中并没有给出明确的结论。本书研究的主要目标就是验证由不确定性导致的预防动机是否会影响消费信贷行为，囿于数据本身限制，我们将问题简化为家庭养老保险和医疗保险是否会对消费信贷行为产生影响。

二　数据来源和描述统计

（一）数据来源

本书采用清华大学中国金融研究中心（CCFR）进行的"中国家庭金融研究调查"（2012）的数据，构建逐步回归 Logistic 模型，分析消费信贷行为的影响因素。考虑到我国各地区金融发展水平差异较大，故只选用北京市和上海市调查数据。其中北京市的样本数量为 160 个，上海市的样本数量为 150 个，合计样本容量为 310 个。

（二）描述统计

根据是否有过消费信贷经历，我们将被调查对象分为两组：有贷款组和无贷款组，并对两组的基本特征进行比较，结果如表 4 - 1 所示。

1. 性别和年龄

如表 4 - 1 所示，在 310 个调查对象中，男性 109 人，女性 201 人。其中有贷款经历的男性 22 人，占男性总体比例的 20.2%；有贷款经历的女性 22 人，占女性总体比例的 10.9%。可见男性消费信贷行为的比例远远超过女性。

表 4 - 1　　　　　　　有贷款组和无贷款组性别分布比较

	男性		女性		合计	
	数量	占比（%）	数量	占比（%）	数量	占比（%）
有贷款组	22	20.2	22	10.9	44	14.2
无贷款组	87	79.8	179	89.1	266	85.8
合计	109	100.0	201	100.0	310	100.0

把调查对象根据年龄分为六个年龄组，如表 4 - 2 所示。从表中可以看出有贷款行为的人主要集中在 25—50 岁，其中接近一半（47.7%）为 25—34 岁的年轻人。从有贷款的人数在本年龄组占比也可以看出来，25—34 岁年龄组有贷款的人数占比是最高的（21.4%）。这是因为这一年龄组的消费者面临着成家立业等一系列的人生重大事项，大额的刚性支出比较多。同时，由于事业刚刚开始创建，收入往往不足以弥补大额的支出，需要利用消费信贷来进行融资。

表 4 - 2　　　　　　有贷款组和无贷款组年龄分布比较　　　　　　单位:%

	25 岁以下	25—34 岁	35—40 岁	41—50 岁	51—60 岁	60 岁以上	合计
有贷款组	0.0	47.7	20.5	20.5	11.4	0.0	100
无贷款组	9.0	28.9	18.4	28.6	12.4	2.6	100
有贷款人数在本年龄组占比	0.0	21.4	15.5	10.6	13.2	0.0	14.2

注：因为四舍五入，表中百分比之和不等 100%。

2. 职业和受教育程度

被调查对象的职业分布如表4-3所示。从表4-1得到的一个直观印象是，有贷款的消费者的职业分布主要集中在企业管理人员（38.6%）和工人与普通职员（31.8%）两类，说明从事这两类职业的消费者构成了我国当前消费信贷借款人的主体。但是，从有贷款人数在本职业中占比来看，教师、医生、律师职业的比例为66.7%，显著高于其他职业。分析可能的原因是，从事教师、医生、律师职业收入比较稳定，容易获得银行的贷款支持。但是我们也注意到，政府与事业单位职业中有贷款的人数占比并不高，甚至低于工人与普通职员，这个显然不能从消费信贷的供给方面寻找原因，只能从需求方面需找原因。我们只能推断政府与事业单位的被调查对象消费信贷的意愿不高，具体原因尚需更多的证据支持。

表4-3　　　　　　　有贷款组和无贷款组职业分布比较　　　　　单位:%

	政府与事业单位	企业管理人员	工人与普通职员	个体户与小企业主	教师、医生、律师	自由职业者	待业及其他	合计
有贷款组	4.5	38.6	31.8	6.8	13.6	2.3	2.3	100.0
无贷款组	6.4	17.7	42.1	7.9	1.1	7.9	16.9	100.0
有贷款人数在本职业占比	10.5	26.6	11.1	12.5	66.7	4.5	2.2	14.2

注：因为四舍五入，表中百分比之和不等于100%。

被调查对象的受教育程度分布如表4-4所示。由表4-4可以看出，有贷款行为人群的受教育程度主要集中在本科及大专（79.5%），即拥有本科或大专学历的人群构成主要借贷消费群体。有贷款人数在本类别占比随受教育程度升高而增大，这可能有两方面原因：其一，从需求方分析，受教育程度越高，掌握的金融知识越多，更容易接受消费信贷；其二，从供给方分析，受教育程度越高，越容易获得金融机构的信贷支持。

表 4 - 4　　　　　　**有贷款组和无贷款组受教育程度分布比较**　　　单位:%

	初中以下	高中及中专	本科及大专	硕士	合计
有贷款组	0.0	15.9	79.5	4.5	100.0
无贷款组	12.0	48.1	38.3	1.5	100.0
有贷款人数 在本类别占比	0.0	5.2	25.5	33.3	14.2

注:因为四舍五入,表中百分比之和不等于 100%。

3. 收入

把被调查对象按照收入分成五组,各组的消费信贷情况如表 4 - 5 所示。从表 4 - 5 可以看出,有消费信贷行为的被调查对象收入集中在最低的两组(合计占比 81.8%),这说明低收入的消费者有更强的消费信贷需求。但是,有贷款人数在本组占比却颇值得玩味,从整体上说,基本上呈现收入越高,有贷款人数占比越高的趋势。这说明,虽然低收入者有更强的消费信贷需求,但是这些消费信贷需求并没有得到有效的满足,相对而言,较高收入的消费者比较容易从金融机构获得消费信贷。需要特别注意的是,这个趋势并不绝对,中等偏上收入组有贷款人数占比为 42.9%,不仅远远低于中等收入组(80%),也远远低于高等收入组(100%)。从理论上讲,收入达到一定的水平,负债消费的倾向会降低(Zhu and Meeks,1994),但这无法解释为什么最高收入组的被调查对象 100% 有消费信贷行为。一个可能原因是,高收入组家庭多为自主创业,最新研究(Kneiding and Kritikos,2013)发现相较于工薪家庭,自主创业的家庭更多地使用消费信贷。

表 4 - 5　　　　**有贷款组和无贷款组家庭总收入分布比较**　　　单位:%

	低（20%）	中等偏下 （20%）	中等 （20%）	中等偏上 （20%）	高（20%）	合计
有贷款组	45.5	36.3	9.1	6.8	2.3	100.0
无贷款组	80.8	17.7	0.4	1.5	0.0	100.0
有贷款人数 在本类别占比	8.5	25.4	80.0	42.9	100.0	14.2

注:因为四舍五入,表中百分比之和不等于 100%。

4. 家庭负担

被调查对象家庭赡养的老人数量如表 4 - 6 所示。从表 4 - 6 中可以得到的一个直观的认识,赡养老人数量在 3 位及 4 位以上的家庭,半数以上有消费信贷行为,占比显著高于平均水平(14.2%)。这说明,赡养老人数量较多的家庭经济负担比较重,因此消费信贷的需求也比较大。

表 4 - 6 　　　　有贷款组和无贷款组赡养老人数量分布比较　　　单位:%

	无	1 位	2 位	3 位	4 位及以上	合计
有贷款组	63.6	13.6	4.5	9.1	9.1	100.0
无贷款组	68.0	11.7	18.4	0.8	1.1	100.0
有贷款人数在本类别占比	13.4	16.2	3.9	66.7	57.1	14.2

注:因为四舍五入,表中百分比之和不等于100%。

被调查对象家庭抚养的子女数量如表 4 - 7 所示。显然,随着抚养子女数量的增多,有消费信贷行为的占比越高。这充分证明抚养孩子会增加家庭当期经济压力,为了尽可能地为子女提供更好的生活和教育,抚养孩子数量越多的家庭消费信贷的需求越强。

表 4 - 7 　　　　有贷款组和无贷款组抚养子女数量分布比较　　　单位:%

	无	1 个子女	2 个子女	合计
有贷款组	45.5	52.3	2.3	100.0
无贷款组	51.1	47.0	1.9	100.0
有贷款人数在本类别占比	12.8	15.5	16.7	14.2

注:因为四舍五入,表中百分比之和不等于100%。

5. 社会保障

如表 4 - 8 所示,绝大多数(81.8%)有消费信贷行为的被调查对象家庭成员全部享有医疗保险,家庭成员都没有医疗保险的被调查对象则完全没有消费信贷行为。从有贷款人数在本类别占比也可以得到相同结论，即医疗保险对信用消费态度有显著影响，家庭成员享有的医疗保险越完善，负债消费的意愿越强。原因是显而易见的，医疗保障越健全，家庭面临的未来不确定性越小，没有了后顾之忧，就敢于借钱消费了。

表4-8　　　　有贷款组和无贷款组家庭成员医保情况分布比较　　　单位:%

	全部有	部分有	都没有	合计
有贷款组	81.8	18.2	0.0	100.0
无贷款组	52.3	37.6	10.2	100.0
有贷款人数在本类别占比	20.6	7.4	0.0	14.2

注:因为四舍五入，表中百分比之和不等于100%。

表4-9可得出与表4-8类似的结论，有养老保险者是负债消费的主要群体（占97.7%）。从有贷款人数在本类别占比看，有养老保险的被调查对象中有消费信贷行为的占比是15.9%，明显高于无养老保险的被调查对象（占2.6%）。这再一次证明了完善的社会保障能够显著地减少未来的不确定性，有效提升消费信贷意愿，刺激即期消费。

表4-9　　　　有贷款组和无贷款组养老保险情况分布比较　　　单位:%

	有	无	合计
有贷款组	97.7	2.3	100.0
无贷款组	85.7	14.3	100.0
有贷款人数在本类别占比	15.9	2.6	14.2

三　实证模型和估计结果

（一）模型构建

1. 模型设定

本书的目的是验证消费信贷行为的影响因素，由于消费信贷行为是否发生是一个二分变量，在因变量为非连续型二分变量的时候，适合选取 Logistic 回归模型。具体研究模型为：

$$\ln\left(\frac{p}{1-p}\right) = \beta_0 + \beta_1 X_1 + \beta_2 X_2 + \cdots + \beta_{10} X_{10} + \varepsilon \qquad (4.1)$$

其中，p 表示居民发生消费信贷行为的概率，$1-p$ 代表居民消费信贷行为不发生的概率。β_0 为常数项；X_i 为解释变量，β_i 分别代表解释变量的回归系数；ε 为随机误差项。

2. 变量定义

消费信贷行为是否发生为本书中的被解释变量，被解释变量 Y 的取值为 0 或者为 1，其中 $Y = 0$ 表示没有发生消费信贷行为，$Y = 1$ 表示发生消费信贷行为。根据前面分析，选取九个变量作为解释变量，分为个人特征变量和家庭特征变量两大类，模型中各解释变量的定义如表 4 - 10 所示。各解释变量类型不同，家庭总收入 X_5 为数值型变量，其他变量为分类变量，其中性别 X_1、职业类别 X_3、是否有养老保险 X_8 和家庭成员的医保情况 X_9 4 个变量为无序分类变量，在模型分析前需要先进行哑变量化处理。

表 4 - 10　　　　　　　　　解释变量的定义

分类	变量名称	变量定义
个人特征变量	X_1：性别	1 = 男，2 = 女
	X_2：年龄	1 = 25 岁以下，2 = 25—34 岁，3 = 35—40 岁，4 = 41—50 岁，5 = 51—60 岁，6 = 60 岁以上
	X_3：职业类别	1 = 政府与事业单位人员，2 = 企业及公司管理人员，3 = 工人及普通员工，4 = 个体户及小企业主，5 = 教师、医生和律师，6 = 自由职业者，7 = 待业及其他，无序分类变量
	X_4：受教育程度	1 = 初中及以下，2 = 高中及中专，3 = 本科及大专，4 = 硕士，5 = 博士

分类	变量名称	变量定义
家庭特征变量	X_5：家庭总收入	单位：万元
	X_6：抚养子女数量	1 = 无，2 = 1 个，3 = 2 个，4 = 3 个及以上
	X_7：赡养老人数量	1 = 无，2 = 1 位，3 = 2 位，4 = 3 位，5 = 4 位及以上
	X_8：是否有养老保险	1 = 没有，0 = 有
	X_9：家庭成员的医保情况	1 = 全部有，2 = 部分有，3 = 都没有

（二）估计结果

本书采用逐步回归 Logistic 模型，选择向后逐步回归（Backward Stepwise）方法筛选自变量进入回归模型。向后逐步回归是事先确定一个剔除自变量的标准，开始时，模型中包含全部自变量，按照自变量对 y 的贡献，由小到大依次剔除。每次剔除一个变量，则重新计算未被剔除的各个变量对 y 的贡献，直到模型中所有变量均不符合剔除标准，而没有变量可以被剔除为止。自变量一旦被剔除，则不考虑进入模型。本书变量剔除标准为 $p = 0.10$，变量进入回归模型的标准为 $p = 0.05$。

表 4 – 11 给出了模型系数的综合性检验结果，显示了回归方程显著性检验的总体情况。检验的结果表明，经过 6 次迭代，似然比卡方值 $\chi^2 = 61.566$，自由度 df = 4，p = 0.000 < 0.05，说明模型线性回归关系成立，至少有一个自变量有统计学意义。

表 4 –11　　　　　　　　模型系数的综合检验

	卡方（χ^2）	自由度（df）	显著性（Sig.）
第一步	77.004	15	0.000
第六步	61.566	4	0.000

Hosmer 和 Lemeshow 检验拟合优度检验得到检验 p 值 0.561，表明模型由预测概率获得的期望频数与观察频数之间的差异无统计学意义，即说明模型拟合很好。表 4 – 12 显示了模型在训练集上的判

别分析表，最终模型的整体判别正确率为 89.7%，灵敏度为 99.2%，特异度为 31.8%。因此，模型对无贷款行为的预测正确率极高，整体的预测正确率也较高，模型的应用性较强。

表 4 – 12　　　　　　　　　　　　判别分析

观察值		预测值		
		贷款情况		判别正确率（%）
		有贷款	无贷款	
第一步	贷款情况　有贷款	16	28	36.4
	贷款情况　无贷款	4	262	98.5
	总体正确率			89.7
第六步	贷款情况　有贷款	14	30	31.8
	贷款情况　无贷款	2	264	99.2
	总体正确率			89.7

　　模型最终估计结果如表 4 – 13 所示。设定显著性水平 $\alpha = 0.05$，经过 6 次迭代之后，由每个自变量对应的 p 值可见，家庭总收入（$p = 0.000$）、赡养老人数（$p = 0.001$）、教育程度（$p = 0.010$）和养老保险（1）（$p = 0.022$）对消费信贷行为有统计学意义，即共计四个变量进入 Logistic 回归模型。

表 4 – 13　　　　　　　　　　Logistic 模型估计结果

解释变量	回归系数（B）	标准误（S. E.）	Wald 统计量	自由度（df）	显著性（Sig.）	Exp（B）
家庭总收入	− 0.093	0.024	15.389	1	0.000	0.87
教育程度	− 0.965	0.376	6.584	1	0.010	0.182
赡养老人数	− 0.546	0.164	11.153	1	0.001	0.42
养老保险（1）	− 3.469	1.52	5.207	1	0.022	0.002
常量	9.736	1.858	27.467	1	0.000	

由以上分析结果，可以建立预测模型为：

$$\hat{p} = \frac{\exp\left(9.736 - 0.093 \times 家庭总收入 - 0.965 \times 教育程度 - 0.546 \times 赡养老人数 - 3.346 \times 养老保险\right)}{1 + \exp\left(9.736 - 0.093 \times 家庭总收入 - 0.965 \times 教育程度 - 0.546 \times 赡养老人数 - 3.346 \times 养老保险\right)}$$

四　结论与政策建议

结合描述性统计和 Logistic 模型的回归结果，得到以下几个具有实践指导价值的结论：

第一，从整体上看，家庭总收入越高，消费信贷的概率越大，最高收入组的家庭 100% 有消费信贷行为。这个结果与刘晓欣和周弘（2012）、臧恒旭和李燕桥（2013）的研究结论一致。一个可能的原因是，收入高的家庭更容易获得消费信贷；另一个可能的原因是，高收入组家庭多为自主创业，最新研究（Kneiding and Kritikos, 2013）发现，相较于工薪家庭，自主创业家庭更多地使用消费信贷。

第二，受教育程度越高，越倾向于使用消费信贷，这也可能有两方面原因：其一，从需求方分析，受教育程度越高，掌握的金融知识越多，更容易接受消费信贷；其二，从供给方分析，受教育程度越高，越容易获得金融机构的信贷支持。

第三，家庭赡养老人的数量越多，消费信贷的概率越大。这是因为赡养老人数量较多的家庭经济负担比较重，因此消费信贷的需求也比较大。

第四，相对于无养老保险的家庭，有养老保险的家庭发生消费信贷行为的概率大大提高。这证明了完善的社会保障能够显著地减少未来的不确定性，有效提升消费信贷意愿，刺激即期消费。

第五，25—34 岁年轻人，是使用消费信贷的主要群体。这是因为这一年龄的消费者面临着成家立业等一系列的人生重大事项，大额的刚性支出比较多。同时，由于事业刚刚开始创建，收入往往不足以弥补大额的支出，需要利用消费信贷来进行融资。

第六，我国消费信贷市场目前还是一个卖方市场，获得消费信贷的门槛较高。这一点从获得消费信贷的被调查对象的职业分布、收入情况和教育程度可以判断出来。大量的经验研究表明，年轻、低收入群体有更多的消费信贷需求，这一部分群体的消费信贷需求尚未得到有效满足。

基于上述结论，本书认为，发展普惠金融是我国未来金融改革方向，面向最广大消费者群体的消费信贷必将得到蓬勃发展，进而有力地拉动内需并改善经济结构。互联网金融提供的各种形式的消费信贷产品将成为传统金融机构消费信贷服务的有益补充，真正体现普惠金融"有效、全方位地为社会所有阶层和群体提供服务"的宗旨。自主选择消费信贷产品，合理地利用债务杠杆，实现资金的跨时间配置，是每位消费者应该享有的金融权利。互联网金融在服务社会弱势群体方面，显然有更大的用武之地。

2008年由次贷引发的全球金融危机证明：针对社会弱势群体推出的消费信贷产品，不应单纯追求经济目标，否则会带来严重的社会问题。因此，政府有关部门应该引导相关机构兼顾社会目标，并对消费信贷市场进行严格规范和监管。除此之外，要利用各种途径和方式，对广大消费者开展金融知识的普及和教育，提高消费者合理利用金融杠杆的能力。

第二节　信用卡使用行为影响因素分析

银行信用卡贷款是最为普遍的一种消费信贷形式，在刺激消费推动经济发展方面发挥了重要的作用。近年来，我国信用卡持卡人数快速增长，利用信用卡透支功能能提前消费的意识也已经深入人心。根据中国人民银行公布的最新统计报告，截至2015年第一季度末，我国信用卡在用发卡量为4.24亿张，人均持有信用卡0.31张。信用卡授信总额为6.23万亿元，卡均授信额度1.47万元，授信使用率40.99%，较上年同期上涨1.72个百分点。信用卡业务利润在商业银行个人金融服务利润构成中占的比重越来越大，受到各家银行的高度重视。

但是，互联网金融的快速发展，深刻改变了消费信贷市场的竞争格局。从 2014 年开始，京东"白条"、苏宁"任性付"、阿里"花呗"、微众银行"微粒贷"、百度"有钱"等金融创新纷纷涌现。这些产品都具有先消费后还款功能，于是又催生了一个新的概念：虚拟信用卡。显然，网络虚拟信用卡比银行的有形信用卡更加方便、快捷，门槛也更低。面对网络虚拟信用卡的异军突起，商业银行传统的信用卡业务面临前所未有的挑战。商业银行需要在深刻理解目标客户的信用卡使用行为基础上，采取差异化市场定位，以巩固和发展信用卡业务的市场份额。本书的研究目的是验证信用卡使用行为的影响因素，为商业银行制定差异化战略和有针对性的营销策略提供决策参考。

一 信用卡使用行为的影响因素

（一）文献综述

前期的相关研究发现，信用卡使用行为主要受到收入、人口统计变量（如年龄、性别、教育程度等）、态度变量和社会环境等因素的影响。

1. 收入

收入被认为是影响信用卡使用行为的最重要的因素，对于收入影响现有的相关研究并未达成一致的结论。列文斯通和伦特（1992）认为，大多数人会选择比实际的社会阶层高一级的阶层作为参照群体，为了达到参照群体的生活标准，人们倾向于利用信用卡实现提前消费，因此中低收入人群是使用信用卡的主体。Zhu 和 Meeks（1994）的研究也显示低收入群体更倾向于使用信用卡，但是往往面临着较强的信贷约束和更多的债务问题。与此相反，董志勇和狄晓娇（2007）的实证分析发现，收入越低的消费者对信用卡各项功能的利用越不充分，对透支行为的认同程度越低。江明华和任晓炜（2004）的研究也表明，高收入群体的信用卡透支比例总体远高于低收入群体。

2. 人口统计变量

关于年龄与信用卡使用行为之间的关系，现有的研究基本上都得到了一致的结论：年轻人是信用卡使用的主体。董志勇和狄晓娇（2007）的实证分析发现，18—23 岁这个群体对信用卡的接受程度最高、各项功能利用最为充分，同时对透支行为的认同程度也最高。除了年龄外，性别也是影响信用卡使用行为的重要因素。江明华和任晓炜（2004）的研究表明，中国信用卡用户男性比女性透支的比例更高；但是，易秋霖等（2010）以大学生为样本进行的调查统计显示，大学生是否持有信用卡与收入和所学专业有关，与性别无关；而韩德昌和王大海（2007）的研究结论则是，性别对大学生使用信用卡有显著影响，女大学生更倾向于使用信用卡。

3. 态度变量

大量的研究证明，积极的信用卡态度会导致更多的信用卡使用行为（如黄卉和沈洪波，2010；樊纲，2015）。王丽丽等（2010）的实证分析进一步表明信用卡态度的各个维度（行为态度维度、情感态度维度和认知态度维度）、金钱态度的权利威望维度和维持保留维度、负债态度，这些态度变量解释了信用卡使用行为的 82.1%。王大海等（2012）的研究证明金钱信用态度以及消费文化对信用卡使用行为和分期付款行为均具有显著的影响。

4. 社会环境

信用卡使用行为受消费者所处的社会环境的显著影响。Jeninfer（1997）认为，社会环境影响更多来自父母及家庭，韩德昌和王大海（2007）证明了大学生信用卡行为主要受社群规范性影响。易秋霖（2010）的调查显示个人持有信用卡的原因主要是通过"朋友影响"，其次通过"银行推销"。樊纲（2015）的调查显示外界刺激（如商品促销打折、商品包装和朋友的建议等）会显著影响其循环信用使用行为。

（二）现有研究不足及主要研究目标

现有相关研究在两个方面存在着不足：一是绝大多数研究都是

采用调查问卷的方式获得数据，并且为了数据调查的方便，基本上都是以大学生为样本，这就限制了研究结论应用的普遍性。二是国外关于信用卡使用行为影响因素的研究，大多基于发达国家完善的社会保障的背景。大量研究证明（如杭斌和郭俊香，2009），由于我国社会转型过程中存在着较大的不确定性，以及社会保障体系不完善，预防性储蓄在居民储蓄中占相当的比重。这种由不确定性导致的预防性动机是否会影响我国消费者的信用卡使用行为？这一点在现有研究中并没有给出明确的结论。本书研究的主要目标就是验证由不确定性导致的预防动机是否会影响信用卡使用行为，囿于数据本身限制，我们将问题简化为家庭养老保险和医疗保险是否会对信用卡使用行为产生影响。

二 数据来源和描述统计

（一）数据来源

本书采用清华大学中国金融研究中心（CCFR）进行的"中国家庭金融研究调查"（2012）的数据，构建逐步回归 Logistic 模型，分析信用卡使用行为的影响因素。考虑到我国各地区金融发展水平差异较大，故只选用北京市和上海市的调查数据。其中北京市的样本数量为 160 个，上海市的样本数量为 150 个，合计样本容量为 310 个。

（二）描述统计

根据是否有过信用卡使用行为，将被调查对象分为两组：有信用卡组和无信用卡组，并对两组的基本特征进行比较，结果如下：

1. 性别和年龄

如表 4 - 14 所示，在全部 310 个调查对象中，男性 109 人，女性 201 人。其中有信用卡的男性 54 人，占男性总体比例的 49.5%；有信用卡的女性 80 人，占女性总体比例的 39.8%。可见，男性使用信用卡的比例远超过女性。

表 4 – 14   **有信用卡组和无信用卡组性别分布比较**

	男性		女性		合计	
	数量	占比（%）	数量	占比（%）	数量	占比（%）
有信用卡组	54	49.5	80	39.8	134	43.2
无信用卡组	55	50.5	121	60.2	176	56.8
合计	109	100.0	201	100.0	310	100.0

把调查对象根据年龄分为六个年龄组，如表 4 – 15 所示。从表中可以看出，有信用卡使用行为的人主要集中在 25—50 岁，其中接近一半（48.5%）为 25—34 岁的年轻人。从有信用卡的人数在本年龄组占比也可以看出来，25—34 岁年龄组有信用卡的人数占比是最高的（66.3%）。这个结果与前期的相关研究得到的结论是一致的，年轻人对信用卡接受程度较高，对信用卡各项功能的理解和应用也更全面，是使用信用卡的主力。尤其是年龄分布在 25—34 岁的年轻人，是商业银行信用卡业务的主要目标客户。

表 4 – 15   **有信用卡组和无信用卡组的年龄分布比较**   单位:%

	25 岁以下	25—34 岁	35—40 岁	41—50 岁	51—60 岁	60 岁以上	合计
有信用卡组	4.5	48.5	21.6	20.1	5.2	0.0	100
无信用卡组	10.2	18.8	16.5	33.0	17.6	4.0	100
有信用卡人数在本年龄组占比	25.0	66.3	50.0	31.8	18.4	0.0	43.2

注：因为四舍五入，表中百分比之和不等于100%。

2. 职业和受教育程度

被调查对象的职业分布如表 4 – 16 所示。从表 4 – 16 得到的一个直观印象是，有信用卡的消费者的职业分布主要集中在企业管理人员（32.1%）和工人与普通职员（44%）两类，说明从事这两类职业的消费者构成了我国当前信用卡用户的主体。从有信用卡人数在本职业中占比来看，排在前三位的职业分别是：企业管理人员（67.2%）、教师、医生、律师（55.6%）、工人与普通职员

（46.8%），显著高于其他职业。但是也注意到，政府与事业单位职业中有信用卡的人数占比并不高，甚至低于工人与普通职员，这个显然不能从银行信用卡的供给方面寻找原因，只能从需求方面寻找原因。我们只能推断政府与事业单位的被调查对象由于工作性质的缘故（比如出差较少、透支的意愿不高），所以对信用卡的使用意愿不强。

表 4 - 16　　　　有信用卡组和无信用卡组职业分布比较　　　　单位:%

	政府与事业单位	企业管理人员	工人与普通职员	个体户与小企业主	教师、医生、律师	自由职业者	待业及其他	合计
有信用卡组	6.0	32.1	44.0	6.7	3.7	5.2	2.2	100.0
无信用卡组	6.3	11.9	38.1	8.5	2.3	8.5	24.4	100.0
有信用卡人数在本职业占比	42.1	67.2	46.8	37.5	55.6	31.8	6.5	43.2

注：因为四舍五入，表中百分比之和不等于100%。

被调查对象的受教育程度分布如表 4 - 17 所示。由表 4 - 17 可以看出，有信用卡人群的受教育程度主要集中在本科及大专（65.7%），有信用卡行为人数在本类别占比随受教育程度升高而增大，这可能有两方面原因：从需求方分析，受教育程度越高，掌握的金融知识越多，更容易接受信用卡消费；从供给方分析，受教育程度越高，向银行申请信用卡越容易获批。

表 4 - 17　　　　有信用卡组和无信用卡组受教育程度分布比较　　　　单位:%

	初中以下	高中及中专	本科及大专	硕士	合计
有信用卡组	2.2	27.6	65.7	4.5	100.0
无信用卡组	16.5	55.7	27.8	0.0	100.0
有信用卡人数在本类别占比	9.4	27.4	64.2	100.0	43.2

3. 收入

把被调查对象按照收入分成五组，各组的信用卡使用情况如表

4－18 所示。从表 4－18 可以看出有信用卡使用行为的被调查对象收入集中在最低的两组（合计占比 90.3％），这说明低收入的消费者有更强的信用卡消费需求。但是，从有信用卡人数在本组占比的数据来看，中等收入及以上的消费者，持有信用卡的比例是 100％。这一方面说明，信用卡在我国中高收入群体中的渗透率非常高，已经实现了 100％ 全覆盖，甚至人手不止一张信用卡；另一方面说明，中高收入群体市场已经基本上接近饱和，商业银行信用卡业务发展要么在中低收入群体开拓新的市场，要么用创新型思维推动信用卡的更新换代。

表 4－18 有信用卡组和无信用卡组家庭总收入分布比较　　单位:%

	低（20%）	中等偏下（20%）	中等（20%）	中等偏上（20%）	高（20%）	合计
有信用卡组	61.9	28.4	3.7	5.2	0.7	100.0
无信用卡组	85.8	14.2	0.0	0.0	0.0	100.0
有信用卡人数在本类别占比	35.5	60.3	100.0	100.0	100.0	43.2

注：因为四舍五入，表中百分比之和不等于100%。

4. 家庭负担

被调查对象家庭赡养的老人数量如表 4－19 所示。从表中可以得到的一个直观认识，赡养老人数量在 3 位及 4 位以上的家庭，半数以上有信用卡使用行为，占比显著高于平均水平（43.2％）。这说明，赡养老人数量较多的家庭经济负担比较重，因此信用卡的需求也比较大。

表 4－19 有信用卡组和无信用卡组赡养老人数量分布比较　　单位:%

	无	1 位	2 位	3 位	4 位及以上	合计
有信用卡组	75.4	6.7	11.2	2.2	4.5	100.0
无信用卡组	61.4	15.9	20.5	1.7	0.6	100.0
有信用卡人数在本类别占比	48.3	24.3	29.4	50.0	85.7	43.2

注：因为四舍五入，表中百分比之和不等于100%。

5. 社会保障

如表 4-20 所示，绝大多数（73.1%）有信用卡的被调查对象家庭成员全部享有医疗保险，家庭成员都没有医疗保险的被调查对象则仅有 2.2% 持有信用卡。从有信用卡人数在本类别占比也可以得到相同的结论，即医疗保险与信用卡持卡行为呈显著正相关关系，家庭成员享有的医疗保险越完善，使用信用卡的意愿越强。原因可能是多方面的，一方面，医疗保障越健全，家庭面临的未来不确定性越小，没有了后顾之忧，就敢于透支消费；另一方面，也可能是有完善医疗保险的家庭收入水平也比较高，商业银行信用卡营销的力度比较大。

表 4-20 有信用卡组和无信用卡组家庭成员医保情况分布比较   单位:%

	全部有	部分有	都没有	合计
有信用卡组	73.1	24.6	2.2	100.0
无信用卡组	43.8	42.6	13.6	100.0
有信用卡人数在本类别占比	56.0	30.6	11.1	43.2

注：因为四舍五入，表中百分比之和不等于100%。

表 4-21 可得出与表 4-20 类似的结论，有养老保险者是信用卡消费的主要群体（占94%）。从有贷款人数在本类别占比看，有养老保险的被调查对象中有信用卡行为占比 46.5%，要明显高于无养老保险的被调查对象（占比20.5%）。这可能是因为完善的社会保障能够显著地减少未来的不确定性，有效提升提前消费的意愿，刺激即期消费。社会保障和信用卡使用行为之间是否存在因果关系，还需要后续实证研究的进一步证实。

表 4-21   有信用卡组和无信用卡组养老保险情况分布比较   单位:%

	有	无	合计
有信用卡组	94.0	6.0	100.0
无信用卡组	82.4	17.6	100.0
有信用卡人数在本类别占比	46.5	20.5	43.2

三　实证模型和估计结果

（一）模型构建

1. 模型设定

本书研究的目的是验证信用卡使用行为的影响因素，由于信用卡使用行为是否发生是一个二分变量，在因变量为非连续型二分变量的时候，适合选取 Logistic 回归模型。具体的研究模型为：

$$\ln\left(\frac{p}{1-p}\right) = \beta_0 + \beta_1 X_1 + \beta_2 X_2 + \cdots + \beta_{10} X_{10} + \varepsilon$$

其中，p 表示发生信用卡使用行为的概率，$1-p$ 代表信用卡使用行为不发生的概率。β_0 为常数项；X_i 为解释变量，β_i 分别代表解释变量的回归系数；ε 为随机误差项。

2. 变量定义

信用卡使用行为是否发生为本书中的被解释变量，被解释变量 Y 的取值为 0 或者为 1，其中，$Y=0$ 表示没有发生信用卡使用行为，$Y=1$ 表示发生信用卡使用行为。根据前面的分析，选取 9 个变量作为解释变量，分为个人特征变量和家庭特征变量两大类，模型中各解释变量的定义参见表4－10所示。各解释变量类型不同，家庭总收入 X_5 为数值型变量，其他变量为分类变量，其中性别 X_1、职业类别 X_3、是否有养老保险 X_8 和家庭成员的医保情况 X_9 四个变量为无序分类变量，在模型分析前需要先进行变量化处理。

（二）估计结果

本书采用逐步回归 Logistic 模型，选择向后逐步回归（Backward Stepwise）方法筛选自变量进入回归模型。向后逐步回归是事先确定一个剔除自变量的标准，开始时，模型中包含全部自变量，按照自变量对 y 的贡献，由小到大依次剔除。每次剔除一个变量，则重新计算未被剔除的各个变量对 y 的贡献，直到模型中所有变量均不符合剔除标准，没有变量可以被剔除为止。自变量一旦被剔除，则不考虑进入模型。本书变量剔除标准为 $p=0.10$，变量进入回归模型的标准为 $p=0.05$。

决定系数（coefficient of determination）反映了模型中所有自变

量解释因变量变异的百分比，其值越接近 1，说明模型中自变量预测因变量能力越好。表 4－22 说明 Cox 和 Snell R^2 决定系数 = 35.2%，Nagelkerke R^2 决定系数 = 47.3%。

表 4－22 模型摘要

	－2 loglikelihood	Cox 和 Snell R^2	Nagelkerke R^2
第一步	285.866	0.360	0.483
第五步	289.355	0.352	0.473

表 4－23 给出了模型系数的综合性检验结果，显示回归方程显著性检验的总体情况。检验的结果表明，经过 5 次迭代，似然比卡方值 $\chi^2 = 134.688$，自由度 df = 11，$p = 0.000 < 0.05$，说明模型线性回归关系成立，至少有一个自变量有统计学意义。

表 4－23 模型系数的综合检验

	卡方（χ^2）	自由度（df）	显著性（Sig.）
第一步	138.178	15	0.000
第五步	134.688	11	0.000

Hosmer 和 Lemeshow Test 拟合优度检验得到检验 p 值 0.561，表明模型由预测概率获得的期望频数与观察频数之间的差异无统计学意义，即说明模型拟合很好。表 4－24 显示了模型在训练集上的判别分析表，最终模型的整体判别正确率为 74.8%，灵敏度为 69.4%，特异度为 79.0%。因此，模型的整体预测正确率较高，模型的应用性较强。

模型最终的估计结果如表 4－25 所示。设定显著性水平 $\alpha = 0.05$，经过 5 次迭代之后，由每个自变量对应的 p 值可见，家庭总收入（$p = 0.000$）、赡养老人数（$p = 0.001$）、教育程度（$p = 0.010$）和养老保险（1）（$p = 0.022$）对信用卡使用行为有统计学

消费信贷与中国梦

意义，即共计 4 个变量进入 Logistic 回归模型。

表 4 – 24 判别分析

观察值		预测值		判别正确
		是否有信用卡		率（%）
		有信用卡	无信用卡	
第一步	信用卡使用情况 有信用卡	95	39	70.9
	无信用卡	37	139	79.0
	总体正确率			75.5
第五步	信用卡使用情况 有信用卡	93	41	69.4
	无信用卡	37	139	79.0
	总体正确率			74.8

表 4 – 25 Logistic 模型估计结果

解释变量	回归系数（B）	标准误（S.E.）	Wald 统计量	自由度（df）	显著性（Sig.）	Exp（B）
家庭总收入	−0.133	0.029	21.191	1	0.000	0.875
年龄	0.287	0.146	3.854	1	0.50	1.333
职业（2）	−2.178	0.831	6.875	1	0.009	0.113
职业（3）	−2.525	0.785	10.341	1	0.001	0.080
职业（4）	−2.342	0.995	5.543	1	0.019	0.096
职业（6）	−1.947	0.906	4.615	1	0.032	0.143
教育程度	−0.590	0.300	3.872	1	0.049	0.554
医保	−1.726	0.778	4.919	1	0.027	0.178
常量	5.590	1.353	17.082	1	0.000	267.725

四 结论与启示

结合描述性统计和 Logistic 模型的回归结果，得到以下几个具有实践指导价值的结论：

第一，从整体上看，家庭总收入越高，信用卡使用行为越普遍。中等收入及以上的被调查对象，100% 有信用卡使用行为。这说明中高收入群体的信用卡市场已经接近饱和，商业银行信用卡业务发展需要开辟新的市场或者用创新思维推动产品升级换代。

第二，年轻消费者更频繁地使用信用卡，尤其是年龄分布在25—34 岁的年轻人，是信用卡使用的主力，也是商业银行信用卡业务最主要的目标客户。

第三，受教育程度越高，对信用卡消费的接受程度越高。这也可能有两方面原因：其一，从需求方分析，受教育程度越高，掌握的金融知识越多，对信用卡的各项功能理解程度越高；其二，从供给方分析，受教育程度越高，向银行申请信用卡越容易获得通过。

第四，企业及公司的管理者、工人和普通员工、个体户和小企业主、自由职业者更倾向于使用信用卡。主要原因是这四种职业对信用卡各种功能的需求比较多，因此更愿意使用信用卡。

第五，相对于无医疗保险的家庭，有医疗保险的家庭使用信用卡的概率大大提高。这证明了完善的社会保障能够显著地减少未来的不确定性，有效提升提前消费的意愿，刺激即期消费。

第五章　消费信贷制度变迁的历史考察：基于中美比较的视角

制度变迁本质上是利益结构的调整，这既是一个选择过程，也是一个路径依赖过程。正是由于这个原因，历史至关重要。它的重要性不仅仅在于以史为鉴，更重要的在于现在和未来是过去的延续。今天和明天的制度选择是由昨天决定的，研究制度问题无法回避历史影响。本章首先引入制度变迁理论，然后简要考察美国消费信贷制度发展的历史，最后对新中国成立以后我国消费制度的历史变迁做一个简单综述，并结合我国的国情和消费信贷发展现状，探讨如何借鉴美国的经验和教训，促进我国消费信贷事业适度、合理发展。

第一节　制度变迁理论

一　诺斯的制度变迁理论

制度在一个社会中的主要作用是通过建立一个人们相互作用的、稳定的（但不一定是有效的）结构来限制人们的选择集合、减少不确定性（诺斯，中文版，1994）。但是，制度的稳定性丝毫也不能改变它们是处于不断变迁过程中的事实，无论是习俗、行为规则还是法律，都是不断演化的，因而我们所能得到的制度选择集合也是在不断改变的。在制度经济学的大家庭中，处于主流地位的产权与契约经济学及交易成本经济学主要基于比较静态的分析方法，并没有解释制度的变迁过程，一个完整的制度变迁分析框架是由诺斯（North，1990；中文版，1994）建立的。诺斯将制度视为决定经济绩效的决定性因素，而制度变迁是制度的替代、转换和交易过程，本质上是对现有利益格局的调整。

诺斯的制度变迁模型的基本逻辑是：首先，由于经济人是有限理性的，对世界认知就不会完全；其次，由于经济人所面临的决策环境极其复杂，充满了不确定性，这就更增加了认知不完全程度；最后，由于隐性知识的存在，组织和个人必须不断通过学习和模仿、创新来获得隐性知识。给定有限理性、不确定性和隐性知识的存在，经济人无法通过理性决策选择和设计最优的制度，所以制度变迁不存在唯一的最优均衡，其效率只能是适应性的。

给定上述基本逻辑，诺斯假定，从事制度变迁的人都是企业家（熊彼特意义上的制度企业家），当技术进步或者其他原因导致要素相对价格发生变化，或者企业家的偏好发生了改变，就出现了潜在收益。如果改变现有制度安排就可以获取潜在收益，那么就有了制度变迁的需求。但是这种需求能否诱导出新的制度安排，取决于推动制度变迁的企业家在与其他行为主体的博弈中的地位。当各行为主体发现改变现有制度无利可图，即制度变迁的收益不能弥补成本，这时候就出现了制度均衡。所谓制度均衡，实际上就是一种帕累托最优状态，因此，制度变迁是从一个均衡到达另一个均衡的过程，在这个过程中"组织和它们的企业家所从事的有目的活动及它们在其间所起的作用是制度变迁的代理实体，并勾勒了制度变迁的方向"。需要特别强调的是，正式制度和非正式制度变迁的路径和速度可能不一致，通常非正式制度会滞后一些，即正式制度发生变化了，非正式制度却没有发生相应变化，这种制度变迁的不配套会带来整体制度变迁的不确定性。

二　诱致性制度变迁和强制性制度变迁

新制度经济学家一般将制度变迁分为诱致性制度变迁和强制性制度变迁两种，诱致性制度变迁是指一群（个）人在响应由制度不均衡引致的获利机会时所进行的自发性的、自下而上的制度变迁；

而强制性制度变迁是指由政府主导并通过法令推进的变迁，只有在政府收益大于成本时，政府才会有动机建立新的制度（林毅夫，1994）。实际上，这两种制度变迁经常交替发生，并不能截然分开，在强制性制度变迁过程中有可能包含社会成员的自发制度创新行为，而诱致性制度变迁中政府也可能起到积极推动作用。

诱致性制度变迁是市场自发的制度变迁，是行为主体为谋求在现存制度安排下得不到收益而引发的，当制度变迁的成本小于预期收益时，制度变迁就可能发生。它一般会经历四个阶段：第一个阶段，利益均衡；第二个阶段，利益均衡被局部破坏；第三个阶段，某项制度安排发生改变；第四个阶段，相关制度安排发生改变，从而重新达到新的利益均衡。诱致性制度变迁既然是市场主体本身对于利益均衡的选择结果，就必然是以现存的制度结构作为制度变迁的出发点，遵循事物发展的内在逻辑，这就是所谓的路径依赖。市场主体本身不会超越现存的制度结构去追求一种理想化的、脱离当前实际的新的制度安排，这也是诱致性制度变迁与强制性制度变迁可能存在的最大不同之处。

强制性制度变迁是政府供给主导的制度变迁，即在一定的宪法秩序和意识形态下，政府提供新的制度安排的能力和意愿是决定制度变迁的主导因素，而制度供给的意愿和能力，主要取决于一个社会的各个既得利益集团的权利结构或者力量对比（杨瑞龙，1993）。强制性制度变迁的特点是：第一，政府是决定制度供给内容、形式和速度的主导力量；第二，政府制定的新的制度安排是通过隶属的层层行政系统贯彻落实的；第三，由于目标函数和约束条件的差异，很难避免政府的制度供给与市场主体的制度需求不一致；第四，由于政治利益或者现有知识的限制，强制性制度供给可能不以现存制度结构为基础，导致无效的制度供给。当然，强制性制度变迁也有可能遵循"路径依赖"原则，充分尊重现存制度结构的基础作用，我们称为以需求为基础的强制性制度变迁。

三 制度变迁的路径依赖

新制度经济学家认为制度的演化是多元的，不存在唯一的最优均衡，经济运行的自我实施机制和收益递增可能导致多种"次优均衡"，最终人们选择了哪一种制度均衡取决于自我认识和随机事件的双层作用。但是，一旦选择了某种制度，由于交易费用的存在，要改变既有选择非常困难，这种选择就可能被"锁定"，从而无法选择其他更为合适的路径，这就是制度变迁的路径依赖。诺斯（1996）认为，伴随着一个给定的制度矩阵，因为网络外部性、范围经济和互补性，制度的路径依赖确实存在。拥有讨价还价能力的个人和组织已经深深扎根于现存的制度，"事实上，一个社会组织的生存能力、获利性和适应性典型地依赖于现存的制度矩阵。现存的制度结构已经使它们成为客观存在，他们之间相互依存的契约关系也是建立在此基础上的。制度变迁是增量性和路径依赖的"。所以制度变迁是增量性的，主要是因为大规模的变迁会伤害既得利益者，从而遭到他们的抵触。

四　制度变迁的成本和收益

无论是诱致性制度变迁，还是强制性制度变迁都是有成本的，制度变迁的本质是对现存利益结构的"非帕累托改变"（樊纲，1993），即不可能在不损害任何当事人个人福利条件下增加社会福利，一部分人福利的增长要以另一部分人福利的减少为代价，因此全部行为主体不可能对一项制度安排达成一致意见。由于效用函数和约束条件不同，同一制度安排对不同行为主体的收益和成本是不同的，只有在收益大于成本的条件下，该行为主体才会产生制度变迁的需求，或者赞同某项制度安排。一般情况下，分析制度变迁的成本和收益可以从个体（企业、家庭及某个利益集团）角度，也可以从政府角度，但更常见的是从社会角度考察某项制度安排给社会全体成员带来的收益和成本。在诱致性制度变迁模式中，社会总收益大于总成本一般会引发制度创新的需求，并最终导致制度变迁；但是在强制性制度变迁模式中，制度创新的需求并不是制度供给的依据。这主要有三方面原因（杨瑞龙，1994）：政府的成本和收益、财政约束以及某一能影响政府决策的利益集团的成本和收益。即使某项制度安排社会净收益大于零，但是它给政府带来的收益小于成本，或者前期增加的财政支出超过国家可支配的财政收入（该制度安排引起的国民收入增加有一段时滞），或者能影响政府决策的某一利益集团的净收益小于零，该制度安排也不会被供给，也就是说不会发生制度变迁。

第二节　消费信贷与美国梦

美国的消费信贷制度历经 160 余年发展，在所有市场经济国家中最具代表性。消费信贷渗透到社会生活的各个方面，对美国经济和社会的发展产生重要作用。实际上消费信贷制度是美国梦实现的关键，正如美国学者大卫·卡普罗维茨所言，"社会学家对殷实的消费社会的一个方面几乎完全忽视了，这就是它在多大程度上安身立命于消费信贷制度之上"。[①] 本节旨在对美国消费信贷制度的发展历史和功能进行系统阐述，并在此基础上探讨消费信贷制度在实现美国梦中发挥的关键作用。

一　美国消费信贷制度发展历史

在所有信用形式中，消费信贷最为古老，其历史渊源可以回溯到古希腊和古罗马。但是，直到 19 世纪，消费信贷一直被视为社会的阴暗面，背负着道德上的恶名，或明或暗地遭到禁止。现代消费信贷制度的萌芽出现在 1915 年之后 20 年间（1915—1940 年），在这期间，美国家庭消费债务大幅增长，对于消费信贷的态度也开始出现变化，摆脱了债务首先是道德问题的观念，从感到耻辱转向欣然接受。20 世纪 50 年代之后，美国的信贷进入了快速发展期，到 2008 年金融危机前，保持了长达 50 多年的快速增长。美国消费信贷制度的发展历史，大概可以分为四个阶段：

（一）维多利亚时代的"生产性信贷"和"消费性信贷"

受新教伦理影响，节俭一直被视为美国公民的一种核心价值，

---

① 转引自［法］罗莎－马里亚·杰尔皮、弗朗索瓦·朱利安－拉布吕耶尔《消费信贷史：理论与实践》，商务印书馆 2014 年版，第 116 页。

是国家繁荣的一个主要源泉。也正因为如此，消费信贷制度是遭到辱骂最大的制度之一。对此持批评态度的人认为，与广告和大众推销相比，消费信贷不仅诱惑犯罪，而且还提供了犯罪手段。消费信贷机构实现了广告商们无力完成的任务——这就是给人们提供了手段，将购买昂贵商品的美梦变成现实。简言之，消费信贷成就了大众消费的贪欲。对这一货币伦理的最大威胁或许来自货币经济本身。信用货币本身就是一种债务，它预示了一种复杂经济的出现，这种经济建立在高度发展的信用基础上。

克制、节俭、计划以及量入为出是维多利亚时代财务伦理的四条基本原则。当时最著名的英国传教士断言"邪恶的三位一体是债务、下流行为和魔鬼"。新教禁欲主义的代表科顿·马瑟（Cotton Mather）认为，债务通过放大诱惑的力量，从而使基督徒失去自控力，屈服于贪欲。共和主义的代表本杰明·富兰克林更强调马瑟没有提及的一种债务的邪恶：个人独立性的丧失。如果个人不对自己加以限制，那么他们就开启了一道门，让别人来限制他们的自由。就债务问题而言，新教和共和主义是在相同渠道中流动的不同思想潮流。

但是，反对负债的强硬态度并不是维多利亚时代财务伦理的全部。一切有意义的伦理制度都是由限制和豁免组成的辩证逻辑。虽然亚当·斯密已经说明，所有生产的目的都是为了消费，维多利亚时代的经济学却把生产和消费区分为两个活动领域，而且生产优于消费。维多利亚时代美国人赞成将负债分成生产性信贷与消费性信贷，生产性信贷概念的核心是为"以创造有价值财富为目的"的经营性单位提供资金，即贷款被用来购买能够增值或者具有生产性用途的商品。在大多数人看来，用于修建或者购买住房的贷款可以视为生产性信贷。消费信贷概念的核心是"为了获得即时满足"而借钱，它可能诱惑人们购买自己不需要的东西。在古典经济学理论中，生产性信贷增加了财富，所以它高于消费性信贷。

为了获得好一点的生存环境，小额贷款机构强调小额贷款的生产性质，其基本用途是帮助工人变为独立生产者。当时的美国，购买马匹、车辆、家具或者种子，一半付现金，一半打欠条，两三个月后或者收获后偿清，是司空见惯的做法。由于新教伦理中，还债是美德，所以很少出现欠债不还情况。按时还债，既是为了保住赊欠的特权，也是为了维护个人尊严。

（二）1850—1915 年：分期付款形式的出现

大约在 1850 年，胜家缝纫机公司（Singer Sewing Machine Company）开始以分期付款形式销售其产品，取得了立竿见影的成功。随后这一趋势扩大到其他耐用消费品，特别是文化产品的销售。书籍、钢琴以及其他乐器，都开始以这种形式销售，但是还款期限短、首付比例高。工薪阶层开始用分期付款方式享受消费信贷服务，这种方式本质上是以购买的物品作为担保贷款，在款项全部付清之前，买主仍然是物品的合法所有者。分期付款把利息包含在商品价格中，因而避开了对高利贷的禁令。

南北战争之后，这一羽翼尚未丰满的消费信贷形式迅猛发展起来。它不再战战兢兢、如履薄冰，首付比例减少，还款期限延长，可以采用分期付款形式销售的商品种类也越来越多。最具代表性的是芝加哥的零售商西尔斯，不仅向消费者提供分期付款，还提供信用贷款，以赊促销、以贷促销。除此之外，西尔斯还积极拓展连锁店经营模式，并出现了信用卡的前身——西尔斯的发现卡。到 1870 年左右，东部大部分城市的家具生产商以分期付款形式销售。南北战争到 20 世纪 20 年代期间的大规模城市化，更是对这一趋势推波助澜。大量的新移民和农村人口向城市流动，是当时美国城市化发展的主要动力。

伴随消费信贷的发展，消费者信用征信机构也应运而生。美国首家提供个人信用报告的机构成立于 1860 年，全国性的征信机构成立于 1906 年，当时称作全国零售信用机构联合会，即现在的消费者数据产业协会。

（三）1915—1940 年：现代消费信贷制度萌芽期

经过一个世纪低调、稳定成长之后，零售商提供的分期付款方式于 20 世纪 20 年代变为美国消费文化的一种固定状态。1897—

1914 年爆发的通货膨胀使那些信奉储蓄是致富关键的人不知所措，1929—1933 年的大萧条使许多人辛苦积攒的储蓄化为乌有，大萧条以这种方式进一步鼓励"消费就是省钱"的信条——这对证明消费信贷的合理性至关重要。社会环境发生了变化，负债消费不再是见不得人的事情，为了购买奢侈品举债也不是不理性的举动。这一变化建立在两个前提条件之上：一个是分期付款信贷方式被广泛接受，汽车是分期付款巨大扩张的动因。到 1924 年，几乎 3/4 的汽车是分期付款购买的，离开了信贷融资，汽车不可能如此迅速地普及，可以说分期付款和汽车销售互为因果，彼此成全；另一个是出现了大量的提供信贷资金的机构，如零售商、商业银行、消费金融公司、小额贷款公司等。

随着债务水平的上升，公众对"消费性"信贷的担心也增加了，最常见的指责是：赊购的人在"抵押未来"，《福布斯》（Forbes）杂志的一名撰稿人甚至将背负分期付款债务的工人比作鼻子前面系着一束干草的毛驴。作为一种新的信用形式，"消费性"信贷是美国历史上最有争议的制度之一，许多人担心轻松付款的代价是"这个民族的整个道德规范的全面崩溃"。在这种背景下，新的债务种类需要道德辩护。20 年代末，已被实践创造出来的东西作为一种理念被再次创造，这就是"消费信贷"概念。经济学家和信贷营销人员成功地将"消费性信贷"重新创造为"消费信贷"。在这一过程中，他们所实现的不仅是一种文字的改变，更是为针对消费者的信贷制度奠定了道德基础，随之而来的是法律基础和制度基础。在更广泛意义上，消费信贷概念的创立也标志着美国消费文化成熟过程中的一个决定性环节。在此之前，人们并不认为消费者应该得到信用——包括道德意义和经济意义上的信用。所以，当消费者得到信用时，他们在"credit"一词的两个意义上都得到它。作为个人，他们能够提前使用未来的收入；作为一个阶层，他们赢得了公众对自己的消费者身份的认可。

在创造这一理念方面做出最大贡献的是埃德温·R. A. 塞利格曼（Edwin R. A. Seligman）。1927 年，塞利格曼出版了研究分期付款销售的两卷本鸿篇巨制：《分期付款销售经济学》（*The Economics of Installment Selling*），这一著作成为对消费信贷的权威性辩护。塞利格曼的结论是：分期付款销售已是"既成事实"，除了少量不恰当的做法之外，应该说消费信贷正在对现代经济做出重要而有价值的贡献。塞利格曼认为，消费与生产并不是对经济活动进行明晰思考的分析范畴，所有的信贷要么刺激、要么允许借款人做他们本来无法实现的事情；从这一意义上讲，所有的信贷都是"生产性"的。因此，塞利格曼认为，信贷更合适的分类应该是"生产信贷"与"消费信贷"。现在，一种更简明的分类方法，根据贷款的对象，分为企业信贷与个人信贷。

在塞利格曼看来，生产和消费可以归于更大的范畴——效用。消费与生产这两种活动在效用上并无好坏之分，生产可能对社会有益，也可能有破坏作用，消费也是如此。如果消费行为通过提供积极的心理释放，从而有助于健康和幸福，如果它扩大了精神视野，那么消耗、使用和享受商品便代表了一种大于成本的效用剩余。从这个意义上说，消费与生产并无本质区别，消费生产的是令人满意的生活。消费信贷这一概念使消费与生产在道德上是平等的。它明确认可消费者，将其视为值得信任的人。个人利用信贷获得商品，以便提升自己的生产能力，提高福利，增加幸福，这种做法也是合理的。

塞利格曼利用效用理论，深入研究了奢侈品和必需品的二元对立问题。认为奢侈品是一个相对性的概念，追求高档商品的愿望启动了创新、资本和生产的转轮，从而会提高工资、提高生活水平，将昨天的奢侈品变为今天的必需品。真正的自由社会应该允许个人就此作出自己的选择。

（四）1950—2008 年：现代消费信贷制度的快速发展期

在 50 多年时间里，美国的消费信贷余额以年均 12% 的速度持续快速增长，至 2006 年，总额已经达到 17 万亿美元。消费信贷创造出一个巨大的需求市场，并以此促进生产的发展和消费者生活水平的提高。相当长一段时间，美国经济发展就建立在这样一个债务链条上，几乎无人不负债。

与此同时，消费信贷产品创新层出不穷。1950 年大莱俱乐部首次推出大莱信用卡，掀开了信用卡发展的序幕。随后，各种类型的公司卡、银行卡、联名卡纷纷出笼，信用卡开始风靡美国。尤其是20 世纪 90 年代互联网的迅速普及，给消费信贷带来了空前的发展机遇，使用信用卡的人数急剧上升。据美国联邦储备委员会进行的消费者金融调查，美国家庭中至少拥有一张信用卡的比例从 1983 年的 43% 上升到 2001 年的 73%，2001 年拥有银行卡的美国家庭比1983 年多了 3000 万。

由于意识到消费信贷在美国社会中的重要作用，历届美国政府都重视通过建立制度规范消费信贷发展。1968 年的《消费信用保护法》（Consumer Credit Protection Act）是在信贷领域保护消费者的首部联邦法。该法案指定联邦储备局作为负责制定金融服务领域中消费者保护细则的主要机构。此后，该法案又经历多次修改，并得到其他立法的补充。主要文本包括《公平信贷报告法》（Fair Credit Reporting Act，1970）、《诚实租借法信用卡修正案》（Credit Card Amendments to Truth in Lending，1970）、《公平信用结算法》（Fair Credit Billing Act，1974）、《平等信用机会法》（Equal Credit Opportunity Act，1976）、《公平债务催收作业法》（Fair Debt Collection Pactice Act，1977），以及 1984 年通过修正案修订的《破产法》（Bankruptcy Law）、1988 年《公平信用和贷记卡公开法》（Fair Credit and Charge Card Disclosure Act），更新了有关信用卡的条例。

经过多年努力，美国建立起一套复杂的消费信贷法律框架，针对消费信贷制定如此繁多法律的国家，在世界上是绝无仅有的。为保证立法工作的成功，毫无疑问需要学术界的研究支持，在整个 20 世纪，消费信贷始终是美国经济学家的一个重要研究主题。

二 美国梦的本质

马丁·路德金在 I have a dream 中谈到美国梦的精髓是：生命、自由与追求幸福。"我梦想有一天，这个国家将崛起，履行它的信条的真谛——我们认为这些真理是不辨自明的，所有人生来平等。"

这句话源自《独立宣言》，又被内战期间《解放黑人奴隶宣言》所重申。但是，除却精神追求，对物质丰裕孜孜不倦的追求更能体现美国梦的实质。

美国梦（American Dream）这个术语一般认为出自历史学家詹姆士·特拉斯洛·亚当斯（James Truslow Adams）笔下。1931 年，他提出，"对于一个国度的梦想：在那里，根据各自的能力或者业绩，人们的生活应该更美好、更富裕、更充实"。大多数美国人主要是从物质富足的角度来定义"更美好、更富裕、更充实"的。"美国梦"一方面，指最终目的，如自由、自我实现，以及更美好的生活；另一方面，指实现这一目的的具体途径，如房屋、汽车。美国梦既是一套价值，无法用市场来衡量的"自由"理想，也是一份价格不菲的梦想商品清单。在人类历史上，将手段与目的混为一谈——甚至取而代之的情况屡见不鲜。与最终目的相比，实现美国梦的手段的成本是异常昂贵的，有时候甚至是南辕北辙。

20 世纪 20 年代以来，实现美国梦至关重要的手段是获得消费信贷。消费信贷为美国梦融资：货币被借给买车者和购房者，借给旅游者和度假者，借给就餐者和购物者，借给就医的人——几乎借给任何人，用于任何目的。

三 消费信贷在实现美国梦中的作用

（一）促进经济增长

消费信贷的持续增长，是美国经济增长的主要动力。在美国，投资、消费和净出口三大需求中，消费需求对经济增长的贡献率一直在 80% 以上，而美国居民各种形式的信用消费占美国国内产品总消费的 2/3 以上。美国经济学学家瓦尔特·克奇曼（Walter Kichenman）将美国的消费信贷制度描述为"美国经济活力的秘密武器"。1972 年全国消费金融委员会（National Commission on Consumer Finance）的一份官方报告强调，消费信贷"不仅是我国庞大的工业机器运转的润滑剂，也是我国实现和保持世界上最高生活水准的主要工具"。

（二）重新构建社会结构

经济增长和家庭可支配收入的增加，对人们的生活方式产生影响，消费信贷使家庭当前的收入与当前的消费得以脱节，因而模糊了社会阶层的界限。有了消费信贷，家庭可以不必仅仅凭借自身的力量在一个陌生的环境中求得生存，也可以不过度依赖家族或者邻里的血缘或者地缘关系。城市化程度越高，就越难以依靠血缘或者地缘关系来应对不时之需。城市新移民必须在一个激烈竞争的陌生人社会中找到立足之地，而突发的生活支出往往令人难以应付。在现代美国崛起的过程中，消费信贷缓解了人们因为生活方式或者社会关系的变化而面临的艰辛，成为缓解流动性约束的有力工具。有了消费信贷，大批美国新移民和农村人口，才得以在物质意义上实现移民梦。

随着经济和社会发展，美国未曾经历过大萧条的新一代成长起来，他们对待消费信贷的态度与父辈迥然不同。他们为今天而活、靠信贷为生，因为有了赖以保障其基本生活的各种保障，即失业保险、养老保险和医疗保险，他们对未来持积极态度。以工薪阶层为主体的新中产阶层，无法靠不动产界定自己的地位，在攀比炫耀社会地位的巨大动力下，转向依靠消费信贷购买那些成为中产阶层生活方式标志的消费品，甚至即使收入不甚丰厚者也感到了这种社会压力。除了社会攀比之外，新兴中产阶层对自己的持续就业，因而收入稳定甚至增加的可能性有相当稳定的预期也是消费信贷持续增长的必要条件。

而消费信贷扩大了处在社会中低阶层的社会成员的生存与发展空间。信用已经成为一种财富和准货币，只要信用好，无论当期收入如何，都可以获得消费信贷，甚至是身无分文的人，也可以凭借自己的信用维持生存获得发展的机会。平等授信下的消费信贷，为20%的美国学生提供了接受高等教育的机会，使66%的美国家庭通过住房贷款拥有了自己的住房，1/3家庭靠汽车贷款购买了汽车。消费信贷甚至成为一种社会救济方式，根据美联储的调查，在过去

30 年里，美国最低收入家庭获得的消费信贷的比例飙升到接近 70%。① 消费信贷给那些不太富裕的人群、年轻人和新移民的生活带来了实质性变化。当然，2008 年爆发的金融危机显示出过度负债会给经济和社会发展带来很大伤害，但是这仍然无法抹杀消费信贷发挥的积极的社会功能。

（三）消费文化变革

M. R. 奈菲尔德（Neifeld）认为，"消费信贷是一种革命，其重要性仅次于从手工业转向机器工业的巨大变迁"。这种革命不仅体现在经济增长和生活方式上，更加体现在消费文化的变革上。

在美国历史上，消费信贷的历史是一个更大范畴——消费文化转变的一个重要部分。文化概念很难界定，但若是无所不包，就什么也说明不了。因此，我们是从纯主观的角度界定文化的含义：一个社会中的价值观、态度、信念、取向以及人们普遍持有的见解。文化具体体现在人与人、代与代之间传递，旨在指导人们应该如何生活的知识、语言、价值观、习俗、假设和物品。一个有助于理解的方法是将文化视为人类群体的"软件"——行为编码和行为规则。

消费文化是一种特定生活方式，试图从如今大多数人得以生存的销售、购买、使用以及处置商品的关系中获得意义。它对"美好生活"的定义是拥有更多商品。到 20 世纪 50 年代，资本主义形成的这种文化已经成为资本主义制度的发电站，为资本主义的发展提供了持续动力。金钱是重要的，特别是对于在信用卡社会长大的"90"后。信用卡的普及，使借钱来维持超前消费习惯和生活方式成为可能。丹尼尔·贝尔认为，消费社会建立在三大社会发明的基础上：大批量生产、大规模营销以及消费信贷。

但是，仅停留在这一层面对消费信贷的理解就太片面了。首先，消费信贷的发明是美国人负债的开始这一说法并不准确，债务作为一种主要的家庭财务策略早在消费信贷出现之前就已经存在。其

---

① 以上数据转引自徐宪平《关于美国信用体系的研究与思考》。

次，这一观点仅强调购买时物欲得到满足的那一瞬间，却忽略了签下债务合同以后长达数月或者数年的时间。借款人受到严格的还款时间安排的约束，消费信贷以这种方式限制了消费主义内部的享乐主义冲动，将克制、谨慎、节省和勤劳保存了下来，它们的持续存在说明，消费文化在何种意义上并非仅仅是享乐主义。先贷款后还债，成为美国生育高峰期出生的一代人深信不疑的生活方式。如果说分期付款使中产阶级变为负债阶层，这并不意味着，它也使中产阶级变得肆意挥霍，大多数借款人被迫节衣缩食、努力工作，以便保证按月还款。总之，"受到调控的富足"是分期付款方式最大的特点。由于有了分期付款，美国消费文化中最流行的商品是时间。消费信贷，借的表面上看是金钱，实际上是时间。由于未来的不确定性，所以及时享乐的观点非常流行。

总之，无论从经济功能，还是社会功能上看，消费信贷都是实现美国梦的原动力。

四　消费信贷与消费文化

关于文化的作用，最明智的说法或许就是丹尼尔·帕特里克·莫伊尼汉的两句话："保守地说，对一个社会起决定作用的是文化，而不是政治。开明地说，政治可以改变文化，使文化免于沉沦。"在前者，文化是一个外生变量；在后者，文化是一个内生变量。人们对于怎样才能富裕繁荣的信念很大程度关系他们的行为，信念会反映在态度和价值观中。而不利于生产率的经济文化之所以出现，主要不是由于根深蒂固的社会习性，而是由于无知，或者受到有缺陷理论的影响。经济文化在很大程度上来源于以往和现今的微观经济背景，文化属性很难脱离总的工商环境和社会体制的影响，可见归结于文化的国民特性往往是有其经济根源的。因此，源于文化的行为，与经济体制所促成或者强化的行为，是很难分开的。从这个意义上说，历史，包括"太平盛世"和"艰难岁月"的经历，都给经济文化留下深刻的印记。社会政策可以对经济文化产生强烈影响，因为这方面的政策影响到经济背景。

菲利普·里夫（Philip Rieff）提出，文化秩序是由控制和释放构成的。控制是用来禁止反社会行为的道德要求，释放是经过小心控制的许可，旨在改变和破坏这些要求，从而使个人能够承受必须将群体目的置于首位所带来的压力。西方社会正处于一种新文化的边缘，这种文化——至少暂时——几乎完全是由释放构成的。但是，经过一段时间之后，消费文化将会形成其自身的有效控制，因为没有哪一种文化仅仅靠释放就能持续下去。消费信贷的主要意义在于它调控并且最终限制消费文化的享乐主义性质。1956 年，威廉·H. 怀特将这种使用大部分月收入来支付消费债务的模式称为"预算度日法"（budgetism）：让收入处于自己的控制之外，从而被外部力量约束。现代消费者受到大规模营销的狂轰滥炸，消费信贷的预算方式有效地解决了他们在克制方面遇到的难题。消费信贷大行其道的原因不仅仅是因为人们有即时满足的欲望，在某种程度上与人们控制预算的愿望有关。美国梦得以实现靠的是消费资本主义奇迹般的生产力。

对奢侈消费所持的怀疑态度曾经是美国社会中历史最为悠久的民族传统之一，美国社会在思想上一直赞同"简朴生活、高尚思想"的理想，在这种情况下美国人是如何学会对依靠债务融资的富足保持好感的？丹尼尔·贝尔是这样解答这个谜的：资本主义社会形成了"经济生活领域与文化生活领域"的"彻底分裂"，这种分裂通过各种社会常规，如将时间分为工作日和周末、公司时间和个人时间问题，得以缓解。"努力干，尽情玩"是年轻人一种精神分裂式的存在方式。这些方式都是在克制与欲望之间寻找平衡的有效方式。消费信贷保留了信贷革命之前的核心价值，实际上使大多数现代信贷使用者在财务活动上保持克制，消费信贷满足他们的某些消费欲望，同时也限制其他一些欲望。由此可见，消费信贷具有悖论性效应：促进消费文化的兴起，同时又限制它的后果。消费信贷史揭示了这样一个真理：消费社会中的生活就是大量工作，一个标语准确地概括了这一点："我借、我欠，工作我干！"

第三节　我国消费信贷制度的历史变迁

消费信贷制度是嵌入社会经济制度系统中的，与之密切相关的是国家的消费制度安排。在一个政府强制性制度变迁的国家，消费并不仅仅是个人层面的事情，它很大程度上是国家政策和制度安排的结果。因此，梳理新中国成立后消费信贷制度的变迁，需要将其置于消费制度转型的背景之下。

一　消费信贷制度发展的背景：从抑制消费到鼓励消费

新中国成立初期，由于生产力低下、物质匮乏，国家采取的是抑制消费的策略，逐渐形成一种建立在合法性资源基础上的"神圣化激励机制"。[①] 正是由于神圣化激励机制的作用，使个人在 20 世纪 50—70 年代既能忍受清贫的物质生活，又能保持"积极"的劳动热情。以节俭为特征的"苦行者文化"和以"不计回报""自我牺牲"为特征的"奉献者文化"互相促进。从国家层面看，在这一阶段抑制居民消费，是实现工业化目标的一种必要手段、一种理性选择。

但是，到"文革"中后期，在实行 20 来年抑制消费的制度之后，人们的实际生活水平不但没有提高，反而下降了，这使国家陷入了合法性危机。导致党和国家威望或者说合法性下降的关键原因，就是人民长期处于贫困之中的事实。而要化解危机，关键是发展经济，提高人民生活水平。从改革开放启动之初的文献可以清楚地看出，之所以发动改革开放运动，同集体领导层对当时国家所面临的合法性危机的体察和感知有内在联系。

在国家消费态度上，1998 年是一个转折点。首先，商品供不应求状况开始扭转。1998 年 3 月 5 日第九届人大第一次会议的政府工

---

① 此部分观点转引自王宁《从苦行者社会到消费者社会——中国城市消费制度、劳动激励与主体结构转型》，社会科学文献出版社 2009 年版。

作报告说，到 1997 年，"主要生产资料和消费品出现了供求基本平衡或供大于求的格局，长期以来困扰我们的商品紧缺现象已经根本改观了。"① 其次，国有企业改革导致的大批职工"下岗"，以及住房制度、社会保障制度改革破除了国家统包，导致人们对未来预期的不确定性，储蓄倾向增加，即期消费减少。再次，1993 年之后为了治理通货膨胀采取了紧缩的货币政策，在 1997 年实现了"零通货膨胀"，但也导致 1998 年开始出现通货紧缩。最后，1997 年爆发的亚洲金融危机，导致出口减少，同时境外直接投资也大幅度下降。朱镕基在 1998 年 3 月指出："最近，亚洲一些国家发生的金融危机比预想的严重。这场金融危机尚未结束，前景还看不清楚，对我国已经产生和可能产生的负面影响不可低估。"② 这些因素的综合作用，导致中国经济的全面紧缩，不得不采取措施来保证经济的持续增长，扩大内需便是其中最重要的策略。

2002 年 3 月，朱镕基在九届人大第五次会议上的政府工作报告中进一步重申和完善了扩大国内消费需求的政策。消费的重要作用，在党的十六大提出的全面建设小康社会目标上体现得更为明显。一方面，人民消费水平是衡量小康社会的客观指标；另一方面，消费又是实现小康社会的重要手段。温家宝总理在十届人大第二次会议上的政府工作报告中也指出："我国消费在国内生产总值中的比重偏低，不利于国内需求的稳定扩大，不利于国民经济持续较快增长和良性循环。要努力增加城乡居民收入，提高居民购买力水平；加大收入分配调节力度，提高中低收入居民的消费能力；发展消费信贷，完善消费政策，改善消费环境；适应消费结构的变化，扩大服务消费领域，改善生产供给结构；各项改革措施要有利于增强消费者信心，形成良好的消费预期，增加即期消费。要通过

---

① 李鹏：《政府工作报告》（在第九届全国人民代表大会第一次会议上的报告，1998 年 3 月 5 日），《十五大以来重要文献选编》（上），第 213 页。

② 朱镕基：《励精图治，廉洁高效，做好跨世纪的一届政府工作》（在国务院第一次全体会议上的讲话，1998 年 3 月 24 日），《十五大以来重要文献选编》（上），第 267 页。

不断努力，逐步改变投资率偏高、消费率偏低的状况"。[1]

国家从改革开放以前抑制消费，到 20 世纪 80 年代提倡适当消费，再到 20 世纪 90 年代末鼓励消费，不仅意味着消费的合法性得到恢复，而且意味着消费在经济发展中的作用不断提升。正是这种制度背景，催生了消费信贷的发展。

二　我国消费信贷制度的历史变迁

根据我国消费信贷自身发展规律和国家调控政策的变化，我国消费信贷的发展历程基本上可以分为四个阶段。

（一）20 世纪 80 年代至 1997 年：试点探索阶段

我国消费信贷的产生可以追溯到 20 世纪 80 年代，当时一些商业银行为了配合住房体制改革，在部分大中城市开展个人住房贷款业务。但由于受到当时经济发展水平、市场体制等诸多客观因素制约，消费信贷发展极为缓慢。中国建设银行是国内最早开始进行个人住房贷款业务试点的银行，1990 年，建设银行在广东省佛山、江门两市正式推出个人住房贷款业务。1991 年，中国建设银行、中国工商银行分别成立房地产信贷部，并制定了职工住房抵押贷款管理办法成为国内开展消费信贷业务的先驱者。

另外，国家也间歇性地推出了规范消费信贷尤其是个人住房贷款的指导文件。1995 年，中国人民银行发布了《商业银行自营住房贷款管理暂行办法》，标志着我国的个人住房贷款业务正式浮出水面、走向正轨。1997 年，央行在此基础上进一步发布《个人住房担保贷款管理试行办法》，在贷款期限、贷款利率方面做出了一定调整，但要求该项贷款只能在实施国家安居工程的有限范围城市办理，并且只能用于购买用住房公积金建设的自用普通住房。

受当时宏观经济形势、体制改革进程等因素影响，消费信贷并未引起国家的充分重视，商业银行也普遍将经营重点放在企业法人客户，消费信贷仅仅是作为一项试点业务在部分金融机构、部分地

---

① 温家宝：《政府工作报告》（2004 年 3 月 5 日在十届人大第二次会议上的讲话），《十六大以来党和国家重要文献选编》（上）（一），第 363 页。

区进行尝试，但办理该业务的银行较少，业务品种主要局限于个人住房贷款，且多以政策性贷款的形式实施发放（涂永红，2004）。此期间消费信贷发展速度极为缓慢，据中国人民银行统计，至1997年年底，我国消费信贷余额仅172亿元，占当年金融机构全部贷款余额的0.2%。[①]

（二）1998—2003年：起步发展阶段

1997年亚洲金融危机以后，我国出口严重下滑，由于多重因素综合影响，出现了严重的通货紧缩。在这样一种新的经济形势下，政府采取了积极的财政政策和稳健的货币政策，从投资和消费两方面入手刺激国内需求，以期通过拉动内需来拉动经济的持续增长。发展消费信贷成了当时扩大内需的重要举措。此外，从银行角度来看，由于大量企业的经营陷入困境，信贷资产风险逐渐凸显，银行亟须通过开展消费信贷调整资产结构，创造新的利润增长点。

另外，从市场需求来看，随着我国改革开发的深入，居民收入快速提高，消费需求的层次也发生重大转变，消费热点由原来的衣食类基本需求转向自有住房、冰箱、彩电、汽车等更高层次消费需求。然而，这些高层次的消费需求往往具有涉及金额大、消费期限长等特点，仅靠短期内居民自我积累或者民间借贷很难满足。因此，通过发展消费信贷实现居民消费结构的升级也自然成为一个可行的选择。

1999年3月5日九届人大第二次会议的政府工作报告中，朱镕基总理主张要继续扩大内需："在扩大投资的同时，要采取有力措施引导和扩大消费需求，形成投资和消费对经济增长的双重拉动。要通过多种渠道增加城乡居民特别是低收入群众的收入；加快发展消费信贷，推进城乡住房制度改革，支持居民购买住房和大件耐用消费品；积极引导居民增加文化、娱乐、体育健身和旅游等消费，拓宽服务性消费领域。活跃市场流通，大力开拓国内市场特别是农

---

① 转引自李燕桥《消费信贷与中国城镇居民消费行为分析》，博士学位论文，山东大学，2012年，第3页。

村市场。"① 1999 年 3 月，中国人民银行发布了《关于开展个人消费信贷的意见》，鼓励所有中资商业银行开办消费信贷业务试办消费信贷业务的新品种。

《意见》不仅提出了加大消费信贷投入的原则指向，促使消费信贷经营主体由国有四大行发展到所有商业银行，同时要求将消费信贷产品由原来的住房贷款、汽车贷款积极拓展至耐用消费品贷款、教育助学贷款、旅游贷款等各项产品，消费信贷在国家政策层面上得到了"全面升级"式的认可。1997—2000 年 4 年间，我国消费信贷规模从 172 亿元迅速增加至 4265 亿元，1998—2000 年 3 年间的增长速度分别达到 165%、209%、203%，这与国家政策导向直接相关。

由于国家政策的强力扶植，国内商业银行纷纷将消费信贷作为新的战略增长点，金融机构间恶性竞争、操作不规范、信用风险迅速积累。2000 年以后，消费信贷浮现"过热"迹象。为规范消费信贷发展，防范潜在的信用风险并营造公平有序的竞争环境，央行于年先后发布了《关于规范住房金融业务的通知》、《关于严禁发放无指定用途个人消费贷款的通知》。同时，鉴于当时房地产投资增速过快和房价上涨，央行于年发布了《关于进一步加强房地产信贷业务管理的通知》，对包含个人住房贷款在内的房地产金融业务进行了进一步调控，特别是提高了购买高档商品房、别墅或第二套以上商品房借款人的放贷标准。但由于这些文件并不具有强制约束性，商业银行实际执行中效果大打折扣，消费信贷发展并未受到过度影响。2001—2003 年，尽管消费信贷的增速较之前明显放缓，但由于贷款余额基数变大，消费贷款的实际年增量仍逐年提升，2003 年我国消费信贷余额达到 1.6 万亿元，当年新增贷款突破 5000 亿元，为1997 年以来的最高值。

（三）2004—2013 年：规范调整阶段

2004 年以后，我国宏观经济形势越发复杂多变，经济发展中不

---

① 朱镕基：《政府工作报告》（在九届人大第二次会议上的报告，1999 年 3 月 5 日），《十五大以来重要文献选编》（上），第 773 页。

断出现新问题新挑战，国家的宏观政策基调以及对消费信贷的调控态度几度调整，消费信贷发展呈现出曲折增长的态势。

我国消费信贷的主力是个人住房贷款，房地产市场的周期波动对个人住房贷款发展状况具有直接影响，而这一时间国家出台的房贷政策也多与房地产市场的发展动态相关。2004 年，为抑制房地产市场出现的过热迹象，中国人民银行在 10 月底公布了自 1995 年以来的首次加息，并要求放开金融机构（城乡信用社除外）人民币贷款利率上限。此举标志着我国的货币政策基调正式发生转向，新一轮的加息周期开始。2005 年 3 月，央行发布《关于调整商业银行住房信贷政策和超额准备金存款利率的通知》，正式对个人住房贷款政策进行调整，不仅取消了优惠利率政策，而且要求在房地产价格上涨过快的城市，房贷首付比例要由 20% 提高到 30%。2006 年 4 月，央行再次上调基准利率 0.27 个百分点；5 月，发布《关于调整住房信贷政策有关事宜的通知》，规定从当年 6 月 1 日起，个人住房贷款首付比例不得低于 30%，但对购买自住住房且套型建筑面积在 90 平方米以下的仍执行 20% 的规定；8 月，年内第二次上调基准利率 0.27 个百分点。从这一时期的调控政策来看，国家已经开始有意识地打压房地产市场中的投资投机需求，但利率上调带来的贷款成本上升以及各项贷款限制条件仍对个人住房贷款的发展产生了明显影响，贷款余额增速逐年下降。此外，由于经营流程不规范、违约事件频发等种种负面因素，汽车消费贷款在 2004 年以后也出现了大幅度萎缩，2005 年、2006 年两年汽车贷款余额基本维持在 1000 亿元左右，与 2003 年相比下降 800 多亿元。综合来看，2004—2006 年，在国家调控政策以及自身发展问题的影响下，我国消费信贷发展步入低谷。

2007 年，我国消费信贷一改之前的低迷状态，在货币政策持续趋紧的经济背景下，当年余额增量突破 8000 亿元，消费信贷总余额达到 3.3 万亿元，同比增长 35.9%，比 2006 年提高近 26 个百分点。2007 年消费信贷的快速增长主要来自个人住房贷款的增长，其中不乏众多的投资投机性房贷需求，而这与当年新一轮的房地产投资过热以及由此导致的房价过快上涨密切相关。为抑制房地产过热，防止发生系统性金融风险，2007 年央行先后 6 次上调基准利率，并于 9 月与银监会联合发布《关于加强商业性房地产信贷管理的通知》，严格贷款首付比例要求，并对二套房贷款提出首付不低于 40%，利率不低于同期同档次基准利率 1.1 倍的硬性规定。从数据上看，国家的调控措施在 2008 年上半年随着房价的下降开始发挥作用，消费信贷的发展速度在经历 2007 年的阶段性反弹后重新回落。

2008 年下半年，由于国际金融危机对我国出口贸易带来严重冲击，宏观经济面临增速下行压力，国家顺应形势对宏观政策基调进行了重新调整，房地产市场的政策重压逐渐解除。为保持经济增长的连续性，为宏观经济提供适度宽松的流动性环境，2008 年 9 月，央行决定下调金融机构贷款基准利率，由此拉开新一轮降息周期的序幕。10 月，央行正式对个人住房贷款政策进行了调整，不仅重启 0.7 倍的利率优惠，对住房公积金贷款利率进行相应下调，而且将最低首付比例降至 20%。12 月，国务院办公厅发布《关于促进房地产市场健康发展的若干意见》，要求加大对自住型和改善型住房消费信贷支持力度，同时适度放松了对二套房贷款的贷款标准。此外，国家还对居民首次购买普通住房和改善型住房交易在印花税、土地增值税等方面积极提供税收优惠，并鼓励地方政府制定住房消费的收费减免政策。至此，在伴随 2008 年的连续四次降息过程中，以消费信贷支持居民住房消费以及其他消费品消费的措施成为"救市"的重要力量。从 2008 年消费信贷发展情况看，上半年正值国家对 2007 年房地产过热的调控政策生效期，下半年则受到国际金融危机冲击导致经济前景不明，因此尽管下半年重新启动宽松货币政策，但由于政策时滞，作用不明显。整个 2008 年，消费信贷发展速度重新陷入低谷。

2009 年是我国经济受国际金融危机影响最深的一年，也是我国着力实施扩内需、保增长政策最有效的一年。随着"家电下乡"、"以旧换新"、"农超对接"以及各种消费鼓励政策的组合出击，加之 2008 年下半年以来推出的消费信贷优惠政策，我国消费信贷在 2009 年重新实现了大规模复苏。根据中国人民银行统计，截至 2009 年年末，我国消费信贷余额达到 5.53 万亿元，同比增长 48.7%，当年贷款余额增量达 1.8 万亿元，几乎为 2005—2008 年四年增量的总和。尤其是，2009 年新增消费贷款中，非住房贷款突破 3800 亿元，表明我国消费信贷发展不再仅是指单一的个人住房贷款发展，其他类别消费信贷也已经得到快速成长。当然，2009 年以后，我国消费信贷发展也存在一些问题，比如在较为宽松的流动性环境下部分商业银行变相降低贷款标准，为不符合条件的借款人提供贷款，造成潜在的风险隐患；部分消费信贷流向不明，且存在曲解国家"二套房"贷款标准的行为，部分住房贷款流向了投资投机性需求，造成一些城市房价快速上涨现象重现等。总而言之，消费信贷在我国的发展时间还不长，期间暴露的问题也尚未得到完全解决，未来我国消费信贷必然还会在不断的纠错和调控中继续调整发展。

（四）2014 年至今：普惠发展阶段

2013 年 11 月 12 日十八届三中全会通过的《中共中央关于全面深化改革若干重大问题的决定》提出"发展普惠金融"，这将成为我国未来很长一段时间金融改革的方向。毫无疑问，面向最广大消费群体的消费金融将得到蓬勃发展，进而有力拉动内需并改善经济结构。目前，国内开展消费金融业务的机构主要包括商业银行、汽车金融公司、消费金融公司和小额贷款公司等。伴随我国经济发展模式调整，消费金融市场有着巨大的潜力和较为广阔的发展空间。

2009 年，我国宣布启动消费金融试点。2010 年，中国首批 4 家消费金融公司获批成立，分别是北京银行发起的北银消费金融公司（北京）、中国银行发起的中银消费金融公司（上海）和成都银行发起的锦程消费金融公司（成都）以及全外资捷信消费金融公司（天津）。最初获批的消费金融公司试点之时有诸多限制条件，例如出资人最低持股比例 50%；消费金融公司只能在注册地所在行政区域内开展业务等。

2010 年 3 月 1 日，北银消费金融公司成立，成立初期由北京银行独立注资 3 亿元设立，2013 年 6 月完成增资，引入西班牙桑坦德消费金融公司，以及利时集团、联想控股、大连万达等国内知名民企，股东数量达到 10 家，注册资本增至 8.5 亿元。由于消费金融公司不吸收公众存款，以小额、分散为原则，为居民个人提供以消费为目的的贷款，所以，在有资金需求时，银行股东会给予其一定的授信额度。

消费金融公司可经营业务包括个人耐用消费品贷款，一般用途个人消费贷款，信贷资产转让，境内同业拆借，向境内金融机构借款，经批准发行金融债券，与消费金融相关的咨询、代理业务，银监会批准的其他业务。目前，主要业务是个人耐用消费品贷款和一般用途个人消费贷款。由于通过贷款完成消费的领域比较广泛，消费金融公司都积极拓展与各大商家的合作。例如，北银消费金融公司与联想集团、居然之家等多个商家签约合作；捷信消费金融已经在天津有超过 300 家合作门店，其中包括苏宁、国美、迪信通等大型连锁企业；锦程消费金融公司也与苏宁电器、五星电器、龙翔通讯、道洋电脑超市等有合作；中银消费金融有限公司推出的"商户专享贷"现场快速分期付款业务，也是与商户合作推出的业务，客户无须持有信用卡，只要在指定的合作商户进行申请，最快 15 分钟内即可获知审批结果，一旦通过，即可现场进行分期付款交易。

2013 年 11 月 14 日，银监会 2013 年第 2 号令公布《消费金融公司试点管理办法》自 2014 年 1 月 1 日开始施行。该《办法》分总则、设立、变更与终止，业务范围及经营规则，监督管理，附则五章，共 39 条。进一步扩大消费金融公司试点城市名单，拟新增沈阳、南京、杭州、合肥、泉州、武汉、广州、重庆、西安、青岛 10 个城市参与消费金融公司试点工作。此外，合格的中国香港和中国澳门金融机构可在广东（含深圳）试点设立消费金融公司，这样加上首批试点的四个城市，消费金融公司试点城市达到 16 个。银监会在新《办法》中开放民间资本进入消费金融，并且降低出资人最低持股比例，为民资进入金融领域开辟了一条很好的渠道，有利于促进股权多元化，也有效地解决了金融消费公司在发展中资金不足的问题。另外，此前消费金融的贷款额度最高可为申请人月工资水平的 5 倍，新《办法》将贷款上限提高至 20 万元，某种程度上加大了对中低端个人客户消费贷款的支持。

2014 年 5 月 8 日，中国人民银行、银监会公告〔2014〕第 8 号规定，拓宽消费金融公司等非银行金融机构的融资渠道，合理调整金融租赁公司、汽车金融公司发行金融债券的条件，加大金融对消费的支持力度。

2015 年 6 月 10 日，国务院总理李克强主持召开国务院常务会议决定，将消费金融公司试点扩至全国，增强消费对经济的拉动力。审批权下放到省级部门，鼓励符合条件的民间资本、国内外银行业机构和互联网企业发起设立消费金融公司，成熟一家批准一家。向消费者提供无抵押、无担保小额信贷，规范经营、防范风险，使消费金融公司与商业银行错位竞争、互补发展。

消费金融公司的发展有利于提振消费、完善金融生态。中国政府网报道指出，消费金融公司扩围能从支撑需求、完善结构和推动升级三方面提振中国消费，是中国金融改革棋局中的重要一步。同时，促进个人消费信贷增长，推动制造商和零售商产销量增长。《新京报》报道指出，扩围释放了积极经济功效，反映在当前经济下行趋势下的现实必要性。通过设立消费金融公司，可促进个人消费信贷增长，推动制造商和零售商产销量增长，并带动相关产业需求。

除消费金融公司的快速发展外，2014 年出现的第二个明显特征是民间资本进入银行业。新华网报道指出，中国银行业向民资开放的闸门已打开，将掀起民间资本进入银行的新高潮。有助于规范金融业整体经营行为，推进普惠金融，为刺激内需提供不竭动力。

最引人注目的是，互联网巨头纷纷涉足消费信贷，消费信贷成为互联网金融的下一个蓝海。和讯网文章指出，在西方国家以及日本、中国台湾等部分亚洲地区，个人信贷领域具有与信用卡业务、商业银行个人贷款业务三分天下的地位，市场份额接近 30%。而在中国，根据近期报告，消费金融的市场渗透率仅为4%。有权威部门预测，2014—2017年，消费金融线上业务平均增长率将高达150%以上，消费金融将是互联网金融的又一蓝海，阿里、百度、京东、苏宁等巨头均已布局。

第六章 消费信贷对信用态度和价值观影响的实证分析

消费信贷实际是一种跨期资源配置，消费者把未来的收入转化成现在的消费。信用消费意愿可以被视为一种纯粹的时间偏好（Bryant，1990），一般认为信用消费意愿主要受到信用态度（attitude to credit）影响（Godwin，1997），而消费信贷行为又会反过来影响信用态度。态度和行为之间的关系是社会心理学研究的重点，计划行为理论是社会心理学中最著名的态度行为关系理论，该理论认为，行为意向是影响行为最直接的因素，行为意向反过来受态度、主观规范和知觉行为控制的影响。计划行为理论是从信息加工的角度、以期望价值理论为出发点解释个体行为一般决策过程的理论（段文婷，2008），它建立起一个分析复杂的社会行为的有用的概念框架。

第一节 计划行为理论述评

一 预测行为：行为意向和知觉行为控制

计划行为理论的理论源头可以追溯到，菲什拜因（Fishbein）的多属性态度理论（Theory of Multiattribute Attitude）。该理论认为，行为态度决定行为意向，预期的行为结果及结果评估又决定行为态度。后来，菲什拜因和阿吉森（Fishbein and Ajzen）发展了多属性态度理论，提出理性行为理论（Theory of Reasoned Action）。理性行为理论认为行为意向是决定行为的直接因素，它受行为态度和主观规范的影响。由于理性行为理论假定个体行为受意志控制，严重制约了理论的广泛应用，因此为扩大理论的适用范围，阿吉森 1985 年在理性行为理论的基础上，增加了知觉行为控制变量，初步提出计划行为理论。1991 年阿吉森发表的《计划行为理论》一文，标志着计划行为理论的成熟。

（一）行为意向

行为意向最早被定义为"执行某特定行为的努力"。它决定了为执行某种行为个体愿意付出多少努力。当行为完全是受个人意志控制情况下，行为意向直接决定行为。尽管有些行为符合这一条件（如投票），但是大部分行为不仅受行为意向影响，还受执行行为的个人能力、机会以及资源等实际控制条件的制约。

（二）知觉行为控制

知觉行为控制被定义为个体感知到的执行某特定行为的难易程度。与罗特（Rotter，1966）提出来的控制点概念有本质区别，但是，与班杜拉（Bandura，1977，1982）提出来的自我效能概念可兼容。根据计划行为理论，知觉行为控制和行为意向可以用来直接预测行为。从这一假设至少可以推出两个推论：（1）在行为意向是常数的时候，知觉行为控制的大小决定了行为发生的概率；（2）准确的知觉行为控制反映了实际控制条件的状况，因此它可作为实际控制条件的替代测量指标，直接预测行为发生的可能性。知觉行为控制对行为预测的准确性依赖于知觉行为控制的真实程度，当个体对特定行为仅有较少的信息、当行为规则或者可获得的资源发生变化的时候，或者出现一些新的不确定因素的时候，知觉行为能力的真实程度较低。具体到消费信贷，当金融知识少、消费信贷政策发生变化、金融机构发生变化、收入、经济形势发生变化的时候，知觉行为控制对行为的解释能力较弱。

（三）行为意向和知觉行为控制的相对重要性

行为意向和知觉行为控制都会对行为产生影响，但是针对不同情境和不同行为，知觉行为控制和行为意向的相对重要性是不一样的。当行为或者情境完全在个体意志的掌控下的时候，行为意向可以单独预测行为，TPB 的这种特殊情况就是 TRB。个体对行为或者环境的控制能力越弱，知觉行为控制的影响就越大。在特定情况下，只有一个因素是重要的。行为意向和控制能力之间存在相互作用。

二　预测行为意向：态度、主观规范和知觉行为控制

（一）概念界定

1. 态度

态度是一种心理趋向，它通过对特定对象有利或者不利评价表现出来。伊格利和蔡肯（Eagly and Chaiken，1993）将态度定义为"带有赞同或不赞同偏向性评价事物的倾向，通常反映在认知、情感和行为的表现中"。从该定义中可以看出，态度具有认知（信念、知识、期望，或者所感知到的态度对象特征）、情感（感觉、心境、动机、情绪以及相关的心理变化）和行为（计划中或者已实行的行为）三个部分。态度是一种个体差异很大的心理结构，不仅具有动机性功能，同时还具有认知性功能。具体到行为态度，就是个体对执行某特定行为赞成或者不赞成程度的评估。

2. 价值观

和态度密切相关的概念是价值观（values）。在社会心理学中，价值观被定义为附加于具体活动和事物之上的重要性、用途和价值，可以理解为对待理想、风俗及社会规范的态度，包括美、平等、自由、正义和秩序等。态度和价值观都可以看作是个人和群体的标志特征。按照罗基奇（Rokeach，1973）的观点，价值观与态度相比，是人格更为核心的部分，是人们表达个体需求更基本的层面。

3. 主观规范和知觉行为控制

主观规范是指个体在决策是否执行某特定行为时感知到的社会压力，是一个社会变量。知觉行为控制是指个体感知到的执行某特定行为的难易程度。它反映了个体过去的行为经验和对促进或者阻碍执行某特定行为因素的知觉。

　　一般情况下，态度越积极、社会支持越大、知觉行为控制越强，行为意向就越强；反之就越弱。针对不同的情境和不同的行为，行为态度、主观规范和知觉行为控制对意向的影响程度不同。

　　（二）态度的形成和改变

　　态度就像人类性格的另一些方面一样，是遗传和环境共同作用的产物。当代心理学家普遍认为，态度的形成是一个社会化学习的过程，它受父母、同辈和其他信息源的影响。所以态度不仅表现出明显的个体差异，而且在不同民族、文化和社会群体中也会显现出不同特点。根据社会学习理论，人们通过观察和模仿他人的行为来习得态度（Bandura，1977）。态度最初在儿童时期产生，到成人时期逐渐定型，但也可能在以后的生活中发生改变（Tyler and Schuller，1991）。随着环境改变，人们会对以前看来毋庸置疑的东西进行重新思考，并形成不同于以前的新态度。

　　说服是指引导或者劝服个体去做某事或者接受某种观点、主张。依赖型的人通常更容易被说服，尤其是劝说者备受推崇的权威人物的时候。改变态度途径主要有三种：

　　1. 恐惧感唤醒

　　2. 行为和认知技术

　　（1）行为矫正：与直接改变态度不同，行为矫正的方法是先改变个体的行为，然后个体的态度会随之改变来符合行为（比如体验经济）。

　　（2）模仿：模仿一个典型人物的行为。

　　（3）认知治疗：改变不适当的思考模式。

　　3. 交流和劝说

　　交流和劝说就是用恰当方式传达想要传达的信息，和信息内容同等重要的是信息呈现方式。

　　三　信念：行为态度、主观规范和知觉行为控制的决定因素

　　个体拥有大量关于行为的信念，但在特定时间和环境下只有相当少量的行为信念能够被获取。这些可获取的信念被称为"凸显信念"。它们是行为态度、主观规范和知觉行为控制的认知与情绪基础，即前置因素。计划行为理论进一步将这些凸显信念分为三类：行为信念、主观规范和控制信念。凸显信念不仅可以解释个体为何拥有不同的行为态度、主观规范和知觉行为控制，而且还可以为制定行为干预措施提供有价值的信息。

信念是冰山底部看不见的部分，但是，只有在信念层面上才能辨别那些影响个体行为的元素。所以，对信念进行分类，是为了测量方便。凸显信念需要被引出，引出凸显信念的方法是选取有代表性的研究样本，通过三类开放性问题：目标行为有哪些好处和坏处？哪些团体或者个人会影响目标行为的发生？哪些因素会促进或者阻碍目标行为的发生？然后对收集到的信念进行编码和内容分析，用出现频率较高的信念组成凸显信念模式（modal salient beliefs）。凸显信念模式是正式研究问卷项目的信息来源。

（一）测量方法

1. 基本原则

（1）一致性原则。一致性原则指所有研究变量的测量必须包含相同的行为元素，即所测量的意向、态度、主观规范和知觉行为控制应是对特定行为的意向、态度、主观规范和知觉控制，并且所测量的行为应与其真实条件下发生的行为一致。阿吉森认为，不遵守一致性原则会犯评估不一致的错误，容易混淆或低估变量之间的关系。

（2）稳定性原则。从开始测量一直到行为发生之间，变量（如态度）是稳定的，一些突发事件会影响变量的稳定性，降低理论的解释和预测能力。

2. 基本方法：期望价值模型

根据菲什拜因和阿吉森（1975）提出的期望价值模型，个体拥有的有关行为的凸显信念可以分为两部分：第一，每个凸显信念的强度 b（the strength of each salient belief）；第二，每个凸显信念贡献的评估 e（evaluation of the belief's attribute）。行为态度变量与 b 和 e 的乘积相关，用函数表示为：

$$A \propto \sum_{i-1}^{n} b_i e_i$$

规范信念是指个体预期的重要他人或团体对其是否应该执行某特定行为的期望。用 n 表示。顺从动机是个体顺从重要他人或者团体对其所抱期望的意向，用 m 表示。主观规范变量与规范信念和顺从动机的乘积相关，用函数表示为：

$$SN \propto \sum_{i-1}^{n} n_i m_i$$

控制信念是个体关于资源和机会获得的可能性的信念，控制信念的形成可能会基于过去的行为经验，但也可能会受外部信息（如媒体）、亲戚朋友的经验，或者其他可能促进或者阻碍行为的因子，如政策的影响。用 c 表示控制信念，p 表示知觉强度。消费者相信自己拥有的资源和机会越多（消费信贷中收入、教育水平、金融发展水平），预期的阻碍因素越少（政策门槛），知觉强度越强。

$$PBC \propto \sum_{i=1}^{n} c_i p_i$$

利用期望价值模型可以基于凸显信念来设计问卷，从而使态度、主观规范和知觉行为控制的测量有了统一的标准。

（二）存在的主要问题

1. 变量定义

行为习惯通过影响个体对行为控制和胜任能力的知觉影响行为，因此知觉行为控制可以看作行为习惯与行为的中介变量。关于行为经验等变量的作用见段文婷的论文。

2. 测量方法

计划行为理论依据价值期望理论定义主要变量的内容，并用乘积和代表变量的测量值，而且在确定测量值时涉及量纲问题，这在一般的研究测量中较少出现。笔者在整理文献的过程中发现，有大量研究运用计划行为理论解释和预测行为，但是许多研究者实际上并未采用乘积法和可靠的量纲来获取测量值，在收集编制问卷项目时也并没有引出凸显信念和遵从一致性原则。这一方面可能是研究者认为该方法不够科学和适当，另一方面也可能是因这种采集数据的方法不便操作而人为舍弃。不论何种缘由，今后应当转移一些研究兴趣到提高计划行为理论研究方法的准确性、可靠性上，也许这些方面的进步能在一定程度上真正提高计划行为理论的解释力和预测力。

3. 行为预测

计划行为理论不仅可以用来解释和预测行为，还能用来干预行为。该理论能够提供形成行为态度、主观规范和知觉行为控制的信念，而这些信念是行为认知和情绪的基础，通过影响和干预这些信念，可以达到改善甚至改变行为的目的。应该说，切实可靠地干预行为是计划行为理论的一个重要特色。然而比较遗憾的是，目前很少有研究者运用计划行为理论干预行为，绝大多数研究都停留在解释和预测行为上，最大限度地降低了计划行为理论的实用价值。产生这种现状的原因可能是许多研究在测量方法上存在问题，他们不能提供有价值的信念基础，自然不能实现干预行为的目的，还有可能是研究者对干预行为意义的认识不够，所以提高测量方法，提高对干预行为意义的认识，都将能提高计划行为理论的实际应用价值。

第二节　信用消费态度世代变迁的实证研究

信用消费态度会受消费者所属社会群体的影响，这些群体被称为亚文化群体，其成员拥有共同的信仰和生活经历，使他们和其他人区分开来（Soloman，1999），民族、地域、年龄、性别、职业等都可以作为划分亚文化群体的依据。了解不同社会群体消费者的信用消费态度及其变化趋势，对于金融机构有针对性地制定相关政策和营销策略，引导和改变目标客户群的信用消费态度具有非常重要的意义。

本节以年龄作为亚文化群体细分的依据，对消费者信用消费态度进行世代①比较研究。本节的研究目标是分析并验证不同世代的信用态度和信用使用行为存在的差异和变迁，为相关部门制定消费信贷政策和开发消费信贷产品提供决策依据。

一　文献回顾与研究假设

（一）态度变量与消费信贷行为之间的关系

关于态度变量与消费信贷行为之间的关系，现有研究并没有得到统一结论。大部分相关研究证明积极的信用和负债态度会导致更多的消费信贷行为。许多学者认为，美国20世纪80年代之后的消费信贷快速膨胀源于人们对金钱和负债态度的改变（Park，1993）。列文斯通和伦特（1992）对英国消费者的研究发现，态度变量（负债态度）对负债和偿债行为均有重要影响。斯库利和沃登（2010）利用SCF（2007）的数据对美国家庭消费信贷行为进行研究，结果证实了家庭生命周期和信用态度是负债可能性的决定因素，年轻的家庭倾向于更多使用消费信贷，那些对借钱购买奢侈品和支付日常生活支出持无所谓态度的人更容易借贷。Pattarin和Cosma（2012）针对意大利消费者的问卷调查证明了信用态度的确会影响消费信贷决策，以及具体消费信贷产品的选择。黄卉和沈洪波（2010）研究表明，消费者对信用卡的积极态度会显著提高信用卡使用频率。王丽丽等（2010）验证了金钱态度、信用卡态度、风险态度和负债态度对消费信贷行为的影响，结果显示对信用卡使用频率影响最大的是信用卡态度，其次为负债态度和金钱态度；对分期付款行为影响最大的是风险态度，其次为负债态度和金钱态度。

不仅态度会影响行为，行为也会影响态度。Kaynak和Harcar（2001）发现，消费信贷使用经验会导致更加积极的信用态度，从而提高使用消费信贷的概率。Lachance（2012）也证明积极的信用态度与信贷知识和信用卡数量紧密相关，经常使用信用卡的消费者

---

①　所谓世代细分实际上是以年龄为标准的市场细分，属于人口统计细分法的一种。相同年龄段的有着相似经历的人们被称作一个年龄群体（age cohort），或者一个世代。世代理论的基本假设是：出生于同一时代的人经历过共同的社会、政治、历史和经济环境，因此会产生相似观点和行为。

往往拥有积极的信用态度。

但是，也有一些研究得到不一样的结论。Lea 等（1993）对自来水公司的客户进行的问卷调查结果表明，严重负债的消费者往往是无神论者，对负债持有更加宽容和放纵的态度。但是两年之后 Lea 等（1995）扩大样本容量用同样的方法进行研究，结果却显示负债态度与负债行为没有显著的相关关系。古德温（1997）利用 1983—1989 年 SCF 的面板数据进行动态研究，结果显示伴随着消费信贷余额的快速增长，美国人的信用态度反而变得更为消极。Zhu 和 Meek（1994）针对低收入家庭的调查，没有发现态度变量与信用行为之间存在相关关系。

（二）现有研究不足

态度变量与消费信贷行为之间关系的研究之所以会得到相互矛盾的结论，一个主要原因是对各种态度变量没有做明确的定义和区分。信用态度、信用卡态度、负债态度和金钱态度，甚至现金管理能力，概念界定模糊，内容相互重叠。根据阿吉森（1991）提出的一致性原则，态度变量的测量应该与所研究的特定行为一致，如果不一致，可能会混淆或者错误估计变量之间的关系。本书的一个原创性贡献就是将信用态度单独剥离出来，研究不同世代之间信用态度的传承与嬗变。

（三）变量定义与主要研究假设

本书把信用态度定义为消费者对利用信用资源提前消费的态度，即信用消费态度，它本质上是一种时间偏好，可以进一步细分为对信用消费的一般态度和对特定商品信用消费的特定态度。

早在近40年前，赫伦迪恩（Herendeen，1974）就提出，消费者不仅仅是一个消费单位，也是一个生产单位，其对待信用的态度应该像企业一样，充分利用负债的杠杆效应。这与我国量入为出的传统消费价值观似乎背道而驰，但随着改革开放的深入和消费信贷的迅速发展，越来越多的人的信用态度潜移默化地发生了改变。特别是出生在改革开放后的"80"后、"90"后，在媒体的大量宣传下，耳濡目染西方消费文化和生活方式，应该对信用消费持有更加宽容和积极的态度。因此，本书的主要研究假设是：

H1：不同世代的信用态度有明显差异。

H2：信用态度呈现与年龄成反比趋势，即越年轻信用消费态度越积极。

H3：不同世代的消费信贷行为有明显差异。

二　研究设计和方法

（一）样本描述

本研究采取问卷调查方法，问卷由调查对象的基本信息、信用态度测量和消费信贷行为三部分构成。调查时间为 2012 年 6—9 月，采取现场随机调查方法。调查员在北京某连锁超市门口，对来超市购物的消费者进行随机调查，现场填写、现场收回，并赠送礼物。共发放问卷 400 份，回收有效问卷 375 份，回收率为 94%。调查对象的人口统计学特征见表 6 - 1。

表 6 - 1　　　　　　　　调查对象的人口统计学特征

人口统计学变量	占比（%）	人口统计学变量	占比（%）
性别：		月收入	
女	58.5	无收入	4.5
男	41.5	2000 元以下	21.3
年龄：		2001—4000 元	32.8
18—22 岁	20.6	4001—6000 元	20.2
23—32 岁	28.9	6001—8000 元	12.2
33—42 岁	20.9	8000 元以上	9.1
43—52 岁	16.4	教育程度	
53—62 岁	7.6	初中及初中以下	1.7
63 岁以上	5.6	高中或中专、职校	14.6
职业		大专/本科	77.4
公务员/事业单位	17.1	硕士以上	6.3
公司职员	41.8		
学生	18.1		
个体经营者	6.6		
退休	9.4		
其他	7.0		

（二）信用态度测量

调查问卷中对信用态度的测量采用李克特（Likert）5 级量表进行量测分析，共计 10 个题项。调查者用 1（非常不赞同）、2（有点不赞同）、3（中立）、4（有点赞同）、5（非常赞同）的等级方法表明自己对各个问题的态度。题项设计参考了 Lea 等（1995）开发的信用态度问卷，并根据我国消费信贷的发展实际和汉语的表述习惯进行了修改。后续的研究者普遍认为 Lea 等的信用态度问卷要优于其他同类问卷，如 Xiao 等（1995），因为问题的设计目标明确、内容集中，不容易诱导被调查者将信用态度与金钱态度等混为一谈。Pattarin 和 Cosma（2012）针对意大利消费者的调查研究也沿用 Lea 等（1995）的问卷。

表 6 – 2　　　　　　　　　　　信用态度调查问卷

D1	借钱会让我觉得不自在
D2	如果钱不够，再喜欢的东西也不应该借钱购买
D3	银行不应该向大学生发放信用卡，因为他们没有收入
D4	为了换新手机，如果钱不够我会采取分期付款的方式
D5	借钱消费，提前享受生活是一种很明智的生活方式
D6	自己喜欢的东西要毫不犹豫地买下，没钱就用信用卡透支
D7	即使收入减少了也不应该降低生活标准
D8	借钱消费可以让我的生活更加幸福
D9	量入为出的消费观点已经过时了
D10	我同时使用两张以上的信用卡，并且经常透支

（三）信度和效度分析

信度指调查结果的稳定性或者一致性，代表反复测量结果的接近程度。其评价指标是信度系数。通常采用评价者信度与复测信度、复本信度系数、折半信度系数和内部一致性 Cronbach's α 系数四种计算方法。本书根据实际调查情况计算了折半信度系数和 Cronbach's α 系数。折半信度系数按照奇数题和偶数题进行分拆，得到折半信度系数为 0.589。全问卷内部一致性 Cronbach's α 系数 = 0.699，说明全问卷一致性信度较好。

效度是指实际测量值反映试图测量特征的程度，效度的主要评价指标有两个：内容效度和结构效度。本书研究信用态度的题项均来自成熟的量表，通常无须报告内容效度。结构效度的评价方法主要是探索性因子分析（EFA），即通过评价测量项目的因子载荷进行评价。对信用态度的 10 个题项进行了主成分分析。问卷的 KMO 检验为 0.759，Bartlett's Test of Sphericity χ^2 = 478.601，ρ = 0.000。从 10 个项目中提取了 6 个主成分，累计方差贡献率达到 79.157%。

三　数据分析与结果

（一）年龄与信用态度的关系

1. 多元方差分析

为了检验年龄对信用态度的影响，首先根据年龄把调查对象分为 6 个组，分别对应的时代为"90"后、"80"后、"70"后、"60"后、"50"后和新中国成立前出生的老一辈。年龄分组情况、各组样本数量及对应世代如表 6 - 3 所示。

表 6 - 3　　　　　　　调查对象年龄分组情况

年龄组	值标签	样本数	占比（%）	世代
1	18—22 岁	27	7.20	"90" 后
2	23—32 岁	148	39.47	"80" 后
3	33—42 岁	112	29.87	"70" 后
4	43—52 岁	66	17.60	"60" 后
5	53—62 岁	19	5.07	"50" 后
6	63 岁以上	3	0.80	老一辈
合计		375	100.00	

把信用态度（D1—D10）视为一个 10 维向量，采用多元方差分析（Mutilvariable Analysis of Varianc，MANOVA）方法，分析不同世代之间是否存在信用态度的差异。结果显示世代对信用态度有显著

影响，假设 H1"不同世代的信用态度有明显差异"得到了验证。多元方差分析结果如表 6 - 4 所示。

表 6 - 4   **Multivariate test**

	Effect	value	F	Hypothesis df	Error df	Sig.
intercept	Pillai's trace	0.642	56.219b	10.000	314.000	0.000
	Wilks' Lambda	0.358	56.219b	10.000	314.000	0.000
	Hotelling trace	1.790	56.219b	10.000	314.000	0.000
	Roy's largest root	1.790	56.219b	10.000	314.000	0.000

2. 列联表分析

为了进一步分析各个世代信用态度差异，对各年龄组持最为保守信用态度的人数占比进行比较。题项 D1、D2、D3 选择 5 "非常赞同"，其他题项选择 1 "非常不赞同" 为最为保守信用态度。各年龄组最为保守信用态度的人数占比如表 6 - 5 所示。

表 6 - 5   各年龄组最为保守信用态度人数占比   单位:%

年龄组	1	2	3	4	5	6
D1	40.7	48.2	51.7	51.1	54.5	62.5
D2	30.5	44.6	48.3	66.0	54.5	81.3
D3	25.4	30.1	25.0	55.3	40.9	62.5
D4	37.3	41.0	41.7	55.3	72.7	81.3
D5	33.9	27.7	36.7	53.2	22.7	56.3
D6	52.5	42.2	40.0	59.6	45.5	68.8
D7	27.1	26.5	35.0	36.2	45.5	43.8
D8	55.9	62.7	58.3	59.6	63.6	75.0
D9	39.4	39.8	41.7	51.1	63.6	62.5
D10	79.7	60.2	56.7	68.1	72.7	87.5

从统计结果看，10 个题项各年龄组持最为保守信用态度的人数占比基本上呈现两种分布趋势，为了直观，我们用图 6 - 1 表示:

从图 6 - 1 中有两个重要的发现：第一，题项 D2、D3、D5、D6 年龄组 5（50 后）持最为保守信用态度的人数占比明显与假设 H2 相悖；第二，题项 D1、D4、D7、D8、D9、D10 属于测试消费者对信用消费情感和行为态度的测项，除题项 D10 外，其余选项基本符合假设 H2，即信用态度呈现与年龄成反比的趋势，越年轻信用消费态度越积极。整体来说，统计结果不支持假设 H2。

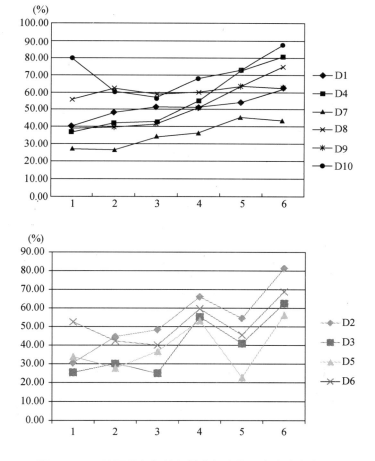

图 6 - 1　不同题项各年龄组最为保守信用态度人数占比

可能的解释是：第一，题项 D10 是关于信用卡使用行为的，由于"80"后、"70"后是信用卡的主要使用主体，所以对信用卡透支持有比较宽容的态度；而"90"后尚未或者刚刚踏上社会，信用卡使用并不普遍，选项的设计并不符合他们的生活实际。第二，题项 D2、D3、D5、D6 都是属于信用消费认知态度的测项，即测试消费者对信用消费生活方式的认同程度，"50"后对信用消费方式出乎意料的宽容，的确耐人寻味。他们刚刚或者即将退休，或许特殊的年龄段和人生经历让他们对信用消费有了更多地理解和认同。

（二）年龄与消费信贷行为的关系

我们以持有的信用卡数量作为消费信贷行为的替代变量，对年龄组与信用卡持有数量进行列联表分析。卡方检验结果显示 Pearson $\chi^2 = 81.551$，$p = 0.000$，在 $\alpha = 0.05$ 水平下，不同年龄组与信用卡持有数量之间有显著差异，支持假设 H3 "不同世代的消费信贷行为有明显差异"。从表 6-6 不同年龄组持有信用卡数量的基本数据看，"70"后、"80"后是信用卡使用的主要力量。

表 6-6　　　　　不同年龄组持有信用卡数量的基本数据　　　　单位:%

年龄组	信用卡数量				
	0 张	1 张	2 张	3 张	4 张以上
1	71.20	20.30	5.10	3.40	0.00
2	26.50	24.10	26.50	12.00	10.80
3	20.00	26.70	36.70	3.30	13.30
4	34.00	27.70	23.40	10.60	4.30
5	40.90	40.90	18.20	0.00	0.00
6	93.80	0.00	6.30	0.00	0.00
合计	40.40	24.40	22.00	6.60	6.60

四　研究结论和不足

消费信贷在消费领域带来的改变是革命性的，它从根本上改变了我们的消费模式（从滞后消费到提前消费），潜移默化地改变了我们的消费价值观。信用态度变迁体现了消费价值观的改变，因此研究其变迁趋势和影响因素具有非常重要的意义。本书的研究结果部分支持了我们提出的研究假设：不同世代的信用态度和消费信贷行为有显著差异，从整体趋势上看，年轻人有更为积极的信用消费态度和更多的消费信贷行为。但是，世代与信用态度之间的关系并不是简单的线性关系，这说明除了年龄外，还有其他因素在影响信用态度的变迁。

本节研究结果是建立在对北京市居民进行随机调查分析的结果上，因此研究结论仅仅适用于样本本身。另外，由于收集数据的限制，本书对信用态度随时代变迁的原因和信用态度对消费信贷行为的影响，都无法展开进一步的分析，这也是未来的研究方向。

第三节　货币态度世代变迁的实证研究

货币是一种经济现象，更是重要的社会、文化现象。在经济学范畴中，货币作为一般等价物，是表征和实现商品价值的唯一形式，其核心职能是价值尺度和流通手段。在物质主义的现代社会，货币从一种流通手段上升为"一种控制我们实践意识、牵动我们全部注意力的终极目的"，从而"给现代生活装上了一个无法停止的轮子，使生活这部机器成为一部永动机，由此就产生了现代生活常见的骚动不安和狂热不休"（西美尔，2007）。因此，货币的社会心理意义可能比其经济意义更重要。

不同的人赋予货币不同意义和情感，对货币的态度不仅会影响个体的行为，特别是消费行为，还会潜移默化地改变个体的思维方式，从而影响消费文化。只要看一个人如何对待货币，其幸与不幸可以立现。对货币态度（money attitude，又译作金钱态度）的相关研究涉及经济学、心理学和社会学各个领域。心理学家认为货币态度是遗传和环境共同作用的产物，它受到父母、同辈和社会环境的影响。因此，货币态度不仅表现出明显的个体差异，而且在不同的民族、文化和社会群体中也会显现出不同的特点。动态地看，货币态度在延续传承的同时也在悄然发生着嬗变，其变迁折射出文化和社会环境的变化。

研究货币态度变迁的一个有效途径就是进行世代比较研究。所谓世代，实际上是以年龄为标准的社会群体细分，属于人口统计细分法的一种。相同年龄段的有着相似经历的人们被称作一个年龄群体，或者一个世代。世代理论的基本假设是：出生于同一时代的人经历过共同的社会、政治、历史和经济环境，因此会产生相似的观点和行为。本书的研究目标是分析并验证不同世代货币态度存在的联系和差异，这不仅有助于我们更好地理解个体的消费行为，还可以见微知著，以此来探寻社会环境变化对消费文化的影响。本节由四部分构成：第一部分是文献回顾，第二部分是研究设计，第三部分是数据分析和结果，最后一部分是研究结论与不足。

一 文献回顾

（一）货币态度的定义

态度是社会心理学的核心概念，指个体对人、事物、情境等所持有的一种具有一致性与持久性的心理倾向。据此，可以把货币态度界定为个体对于货币及其相关事物所持有的一种心理倾向。心理学研究发现，不同个人赋予货币不尽相同的心理意义，货币既可以引起人们正面的认识、情感和行为，如成就、爱、捐赠等；也可以引起负面的认识、情感和行为，如失败、邪恶、犯罪等。因此，人们对货币的态度千差万别（Taneja，2012）。

格尼（Gurney，1988）研究了货币的心理意义（安全、权力、品质、爱）与自我的关系，指出货币态度始于观察父母行为的幼年时期，且持续到成年时期，影响着个人的经济行为。从上述它从个体早年的生活经验中获得，并在青少年时代的后期开始显现，决定货币态度的因素有童年的经历、教育、经济和社会地位等。

（二）货币态度的测量

在心理学研究中，测量货币态度使用最多的量表是 Yamauchi 和 Templer（1982）开发的货币态度量表（Money Attitude Scale，MAS）和 Furnham（1984）开发的货币信念和行为量表（Money Beliefs and

Behavior Scale，MBBS）。

Yamauchi 和 Templer（1982）整理了早期人格心理学家对货币的相关论述，提出货币的心理学意义包括三个基本要素：（1）安全（security），包括乐观、自信、舒适，它的反面是消极、不安和不满。（2）保留（retention），包括吝啬、储藏、强迫性人格特征。（3）权力名望（power – prestige），包括地位、重要性、优越感和占有物。Yamauchi 和 Templer（1982）针对这三个层面设计了货币态度量表，原始量表包含 62 个测项，以美国加州的夫勒斯诺市和洛杉矶市 300 名不同职业的成年人为样本，进行了测试。主成分分析的结果显示货币态度由五个因素构成：权力名望、保留、不信任、质量和焦虑。由于质量维度的动机与权力名望维度并没有实质差异，故此调整后的量表删除了质量维度，仅包括四个维度，共 29 个测项。该量表被证明有很好的信度，可用于不同文化背景下货币态度的测量。

弗纳姆（Furnham，1984）编制的货币信念与行为原始量表有 53 个题目，采用 7 点计分法，包含 6 个维度，分别为：（1）着迷，货币可以解决任何问题，对货币及其相关事物感到极具兴趣；（2）权力，将货币视为一种权力和地位的象征；（3）保留，处理货币时的谨慎态度；（4）安全，运用货币的保守程度；（5）匮乏不足，个体知觉货币足够的程度；（6）努力/能力，货币的赚取反映了一个人的努力与能力。后人对该问卷进行探索性因素分析后，只有 15 个题目符合统计学要求被保留下来。最后形成了只包含 3 个维度的量表，可见这一量表的结构不够稳定。

除了 MAS 和 MBBS 之外，其他被广泛接受的量表还有 Tang（1992）开发的货币伦理量表（Money Ethical Scale，MES），以及 Mitchell 等（1998）开发的货币重要性量表（Money Importance Scale，MIS）。Tang 先后对 MES 量表进行了多次修订，并发展出其简缩版。虽然这使量表运用起来更加快捷方便，但简缩版量表的结构已与 1992 年版 MES 量表大不一样了，其内部稳定性也让人质疑。值得一提的是，贝克和哈格多恩（Baker and Hagedorn，2008）认为，绝大多数货币态度量表的信度和效度检验使用的都是方便样本（其中大部分是学生），结果仅仅具有启发意义而不具代表性。他们利用一个由加拿大城市成年人构成的随机样本（样本容量为200），对 MAS 和 MBBS 进行了因子分析和信度、效度比较，发现 MAS 的结构更加稳定，信度和效度均高于 MBBS。贝克和哈格多恩（2008）将 MAS 和 MBBS 进行重新组合，形成一张包含四个维度、40 个题目的新的量表（YTF），新量表的信度和效度都得到明显提高。

（三）人口统计变量与货币态度的关系

（1）收入。Yamauchi 和 Templer（1982）的研究显示，货币态度与收入没有关系，后续的研究结果基本上都支持这一结论。

（2）年龄。年龄越大在权力名望维度、不信任、焦虑维度得分越低；在保留维度得分越高（Baker and Hagedorn，2008）。

（3）性别。Gresham 和 Fontenot（1989）发现女性在权力名望和不信任维度上的得分高于男性，男性更倾向于将货币视为成功的象征和购买质量高的产品。

（四）货币态度对个体行为的影响

1. 金融行为

为了理解贷款违约行为的根源（root），Bhardwaj 和 Bhattachar-jee（2010）利用印度某银行的汽车贷款客户数据建立模型，证明了货币态度的确会影响信贷的使用意向和使用行为。Keller 和 Siegrist（2004）将对股票投资的态度也纳入传统的货币态度量表，设计了一份包括 9 个维度 59 个题目的货币态度问卷，在瑞士进行了问卷调查。通过聚类分析将投资者根据货币态度分为四个类型，这四个类型的投资者在投资组合构建、证券买卖行为、风险承受能力和社会责任投资等方面均存在差异。Burgess 等（2005）在南非进行的调查证明货币态度与对冲基金相关行为（关注、谈论、购买意向）之间存在相关关系。

2. 消费行为

货币态度与消费行为密切相关，对于二者关系的研究一直是该领域的一个研究重点。大量研究证明，货币态度对冲动购买行为影响显著，瓦伦斯（Valence，1988）等认为，焦虑是导致冲动购买行为的核心因素，消费者企图通过冲动购买行为减轻焦虑。罗伯茨和琼斯（Roberts and Jones，2001）以美国大学生为被试研究了货币态度、信用卡使用及冲动购买行为之间的关系，结果显示货币态度的权力名望、不信任和焦虑维度与冲动购买行为存在显著的正相关关系，而信用卡使用在这一关系中起到调节作用。Li等（2009）以性别作为调节变量，研究中国年轻消费者的货币态度与冲动购物行为之间的关系。结果显示货币态度对冲动购物行为有显著影响，其中保留维度对男性和女性都有影响，权力名望维度仅仅对男性有影响，质量维度对男性的影响要强于对女性的影响。

Durvasula和Lysonski（2010）认为，伴随着西方个人主义和享乐主义的广泛传播，中国年轻人的货币态度逐渐发生了变化，货币态度的改变对物质主义和虚荣等消费行为影响重大。为了验证这一假设，他们选取了一个由127名中国年轻人构成的方便样本，采用MAS量表和Richins（2004）设计的物质主义量表、Netemeyer等（1995）开发的虚荣量表，对货币态度的三个维度与物质主义和虚荣之间的关系进行实证研究，结果显示物质主义行为与权力名望维度和焦虑维度存在正相关关系，虚荣与焦虑维度存在正相关关系。

（五）现有研究不足

从上面回顾可以看出，货币态度和定义以及测量并没有形成被普遍接受的口径和标准，从而使相关讨论和比较缺乏统一的基础。更重要的是，现有对货币态度的研究，都是基于静态的视角，对某一个样本进行横截面研究，无法反映货币态度的动态变化。实际上，作为价值观的重要组成部分，货币态度会随着社会环境的变化而变化。特别是在经济和社会快速变化的中国，研究货币态度的动态变化更具现实意义。

二　研究设计

在社会学研究中，跟踪一个固定的样本、在一段较长时间序列中收集不同时点的数据，非常困难。但是，可以换一种思路，在同一个时间截面，考察不同世代个体货币态度的联系和差异，这样就可以从代际传承和嬗变的角度，研究货币态度的动态变化。

（一）样本描述

本书采取问卷调查方法，问卷由调查对象的基本信息、信用态度测量和消费信贷行为三部分构成。调查时间为 2012 年 6—9 月，采取现场随机调查方法。调查员在北京某连锁超市门口，对来超市购物的消费者进行随机调查，现场填写、现场收回，并赠送礼物。共发放问卷 400 份，回收有效问卷 375 份，回收率为 94%。调查对象的人口统计学特征见表 6 - 7。

表 6 - 7　　　　　　　　调查对象的人口统计学特征

人口统计学变量	占比（%）	人口统计学变量	占比（%）
性别		月收入	
女	58.5	无收入	4.5
男	41.5	2000 元以下	21.3
年龄		2001—4000 元	32.8
18—22 岁	20.6	4001—6000 元	20.2
23—32 岁	28.9	6001—8000 元	12.2
33—42 岁	20.9	8000 元以上	9.1
43—52 岁	16.4	教育程度	
53—62 岁	7.6	初中及初中以下	1.7
63 岁以上	5.6	高中或中专、职校	14.6
职业		大专/本科	77.4
公务员/事业单位	17.1	硕士以上	6.3
公司职员	41.8		
学生	18.1		
个体经营者	6.6		
退休	9.4		
其他	7.0		

将被调查者按照年龄划分成 6 个世代，分别赋值 1—6，可视为一个多值有序变量。如表 6 - 8 所示。

表 6 – 8　　　　　　　　　　　调查对象世代划分

世代	年龄
1	18—22 岁
2	23—32 岁
3	33—42 岁
4	43—52 岁
5	53—62 岁
6	63 岁以上

（二）货币态度测量

调查问卷中对货币态度的测量采用李克特（Likert）5 级量表进行量测分析，共计 10 个题项。调查者用 1（非常不赞同）、2（有点不赞同）、3（中立）、4（有点赞同）、5（非常赞同）的等级方法表明自己对各个问题的态度。题项的设计参考了 Yamauchi 和 Templer（1982）开发的货币态度量表（MAS），后续的大量研究证明该量表有很好的信度，可用于不同文化背景下货币态度的测量。

原始货币态度量表（MAS）包括四个维度：权力名望、保留、不信任和焦虑，共 29 个测项。考虑我国现阶段信用缺失比较严重，人与人之间信任程度普遍较低，且背后的原因非常复杂，因此将"不信任"作为货币态度的一个测量维度在我国没有实际意义。据此，我们剔除了不信任维度下面的所有测项，并根据我国的发展实际和汉语的表述习惯对剩下的测项进行了修订，最终修订后的货币态度量表包括三个维度，共 14 个测项。如表 6 – 9 所示。

表 6 – 9　　　　　　　　　　货币态度调查问卷

编号	语句	维度
M1	可以用金钱的多少去衡量一个人是否成功	权力名望
M2	我尊敬比我有钱的人	权力名望
M3	我会注意别人穿的名牌衣服或鞋子	权力名望

编号	语句	维度
M4	富人比穷人更加聪明能干	权力名望
M5	钱越多，生活就会越幸福	权力名望
M6	我会对未来进行财务规划，并认真执行	保留
M7	我有记账的习惯	保留
M8	可买可不买的东西就不要买	保留
M9	买东西的时候一定要货比三家讨价还价	保留
M10	为了防备以后有事急需用钱，现在必须储蓄	保留
M11	花钱能给人带来满足感和快乐感	焦虑
M12	我总是觉得钱不够用	焦虑
M13	未来会怎样谁也不知道，所以现在有钱就花	焦虑
M14	我经常为了钱的事情焦虑	焦虑

（三）主要研究假设

随着改革开放的深入和经济的快速发展，西方个人主义和享乐主义在我国广泛传播，越来越多的人价值观和货币态度潜移默化地发生了改变。特别是出生在改革开放后的"80"后、"90"后，在媒体的大量宣传下，耳濡目染西方的消费文化和生活方式，物质主义倾向严重，我们推断其货币态度应该与其他世代有明显差异。因此，本书的主要研究假设是：

H1：不同世代的货币态度存在明显差异

按照货币态度的三个维度，这一假设还可以进一步细分：

H11：不同世代货币态度的权力名望维度存在明显差异；

H12：不同世代货币态度的保留维度存在明显差异；

H13：不同世代货币态度的焦虑维度存在明显差异。

如果不同世代货币态度的差异具有统计学意义，则可以采用Spearman秩相关分析，进一步讨论世代与货币态度之间是否存在线性相关关系。考虑货币态度在世代之间既有传承又有嬗变，因此不应该呈现单向度的线性相关关系，所以对应假设为：

H2：世代与货币态度之间线性相关关系不成立

同样，按照货币态度的三个维度，这一假设还可以进一步细分：

H21：世代与权力名望维度之间线性相关关系不成立；

H22：世代与保留维度之间线性相关关系不成立；

H23：世代与焦虑维度之间线性相关关系不成立。

（四）信度和效度分析

信度是指调查结果的稳定性或者一致性，代表反复测量结果的接近程度。其评价指标是信度系数。通常采用评价者信度与复测信度、复本信度系数、折半信度系数和内部一致性 Cronbach's α 系数四种计算方法。本书采用 Cronbach's α 系数来测量问卷内部的一致性，全问卷的内部一致性 Cronbach's α 系数 = 0.699，说明全问卷的一致性信度较好。根据本书研究的特点，调查者效应随机，而条目效应固定，所以采用双因素混合模型（Two - way Mixed）计算组内相关系数，评价测量的一致性。如表6 - 10所示。

效度是指实际测量值反映试图测量特征的程度，效度的主要评价指标有两个：内容效度和结构效度。本书研究信用态度的题项均来自成熟量表，通常无须报告内容效度。结构效度的评价方法主要是探索性因子分析（EFA），即通过评价测量项目的因子载荷进行评价。以特征值大于1作为标准，最大迭代次数设为25，旋转方法采用四次方最大旋转，对货币态度的14个题项进行了主成分分析。经计算，问卷的 KMO 检验为 0.759，Bartlett's Test of Sphericity χ^2 = 814.042，$p = 0.000$。可以从问卷的14个项目中提取6个主成分，累计方差贡献率达到67.792%。

表6 - 10　　　　　　　货币态度的信度分析

	Cronbach's α 系数	95% 置信区间		F 检验			
		低响应	高响应	仿值	df1	df2	Sig.
权力名望维度	0.578	0.502	0.646	2.372	328	1312	0.000
保留维度	0.634	0.567	0.693	2.730	328	1312	0.000
焦虑维度	0.603c	0.490	0.702	1.675	328	984	0.000

三 数据分析与结果

本书将被调查者按照年龄划分成 6 个时代，分别赋值 1—6，因此世代可视为一个多值有序变量。货币态度包括权力名望、保留和焦虑三个维度，涉及 14 个题项，采用李克特级量表测量，因此货币态度也可以视为一个多值有序变量。本书研究的目标是考察世代与货币态度之间的关系，其中世代为解释变量，货币态度为被解释变量。由于世代变量和货币态度变量属性不同，因此在数据分析的时候将其作为双向有序且属性不同的 $R \times C$ 列联表数据进行处理。

（一）不同世代货币态度的差异

本书首先分析各个世代的货币态度之间的差别是否有统计学意义。根据本书提出的研究假设 H1：不同世代的货币态度存在明显差异，设置下面三个原假设，显著性水平 $\alpha = 0.05$。

原假设 H01：不同世代货币态度的权力名望维度全相同。

原假设 H02：不同世代货币态度的保留维度全相同。

原假设 H03：不同世代货币态度的焦虑维度全相同。

此时解释变量（世代）的有序性就变得无关紧要，可视为被解释变量为有序变量的单向 $R \times C$ 列联表数据，采用非参数检验 Kruskal – Wallis H 检验。

Kruskal – Wallis H 检验是一种类似 Wilcoxon 秩和检验的方法，以进行多个独立样本的非参数检验，其目的是推断多组独立样本分别代表的总体分布是否相同。这种检验方法的基本思路首先将多组样本数混合按升序排列，并求出每个观察值的秩，然后计算每组的平均秩次，从而比较各组分布的中心位置是否不同。如果各组样本平均秩大致相等，则可以认为多个独立总体的分布没有显著差异。如果各样本的平均秩相差很大，则不能认为多个独立总体的分布无显著差异。

权力名望维度 Kruskal – Wallis 检验结果如表 6 – 11 所示。

统计结果显示，题项 M2（我尊敬比我有钱的人）和 M3（我会注意别人穿的名牌衣服或鞋子）各个世代没有显著差异，但题项 M1（可以用金钱的多少去衡量一个人是否成功）、M4（富人比穷人

— 134 —

表 6 - 11　　　　　权力名望维度 Kruskal – Wallis 检验结果

时代	平均秩次 （Mean Rank）						秩和检验	精确概率
	1	2	3	4	5	6	χ^2	Monte Carlo Sig.
M1	126.33	170.35	158.78	192.36	123.24	147.5	H = 14.11 p = 0.015 < 0.05	p = 0.012 < 0.05
M2	150.33	159.13	172.71	174.47	139.76	285	H = 7.334 p = 0.197 > 0.05	p = 0.192 > 0.05
M3	140.73	167.58	162.35	182.97	131.91	178	H = 6.641 p = 0.249 > 0.05	p = 0.246 > 0.05
M4	156.48	165.75	183.73	159.48	94.76	57.5	H = 17.108 p = 0.004 < 0.05	p = 0.002 < 0.05
M5	175.92	158.35	158.29	196.47	144.18	59.5	H = 11.893 p = 0.036 < 0.05	p = 0.032 < 0.05

更加聪明能干）、M5（钱越多，生活就会越幸福），各个世代存在显著差异。整体来说，可以认为调查数据拒绝原假设 H01（不同世代货币态度的权力名望维度全相同），即认为不同世代货币态度的权力名望维度存在明显差异。

保留维度 Kruskal – Wallis 检验结果如表 6 – 12 所示。

统计结果显示，除了带有明显倾向性的题项 M8（可买可不买的东西就不要买）外，保留维度的其他四个题项各个世代存在显著差异。所以，拒绝原假设 H02（不同世代货币态度的保留维度全相同），即认为不同世代货币态度的保留维度存在明显差异。

表 6 - 12　　　　　保留维度 Kruskal – Wallis 检验结果

时代	平均秩次 （Mean Rank）						秩和检验	精确概率
	1	2	3	4	5	6	χ^2	Monte Carlo Sig.
M6	122.08	162.04	168.35	173.97	186.41	266	H = 9.618 p = 0.047 < 0.05	p = 0.048 < 0.05
M7	141.56	157.77	184.49	153.76	164.68	289.50	H = 11.280 p = 0.046 < 0.05	p = 0.04 < 0.05

续表

时代	平均秩次（Mean Rank）						秩和检验	精确概率
	1	2	3	4	5	6	χ^2	Monte Carlo Sig.
M8	164.1	160.24	154.04	185.01	186.06	263	H = 7.810 p = 0.167 > 0.05	p = 0.160 > 0.05
M9	148.75	150.17	163.10	196.74	189.76	286	H = 15.584 p = 0.008 < 0.05	p = 0.006 < 0.05
M10	103.67	163.33	176.23	175.28	156.53	232.5	H = 16.865 p = 0.005 < 0.05	p = 0.003 < 0.05

焦虑维度 Kruskal – Wallis Test 结果如表 6 – 13 所示。

表 6 – 13　　　　　　焦虑维度 Kruskal – Wallis 检验结果

时代	平均秩次（Mean Rank）						秩和检验	精确概率
	1	2	3	4	5	6	χ^2	Monte Carlo Sig.
M11	137.15	171.07	175.17	146.57	149.35	274	H = 9.792 p = 0.081 > 0.05	p = 0.076 > 0.05
M12	188.02	175.28	164.67	137.18	138.59	267.50	H = 12.604 p = 0.027 < 0.05	p = 0.02 < 0.05
M13	190.56	162.38	177.98	142.92	131.74	315.5	H = 14.918 p = 0.011 < 0.05	p = 0.008 < 0.05
M14	185.17	168.56	155.67	162.34	174.56	144.5	H = 2.665 p = 0.751 > 0.05	p = 0.763 > 0.05

结果显示，题项 M11（花钱能给人带来满足感和快乐感）和 M14（我经常为了钱的事情焦虑）各个世代并没有显著差异，但题项 M12（我总是觉得钱不够用）、M13（未来会怎样谁也不知道，所以现在有钱就花），各个世代存在显著差异。这样从整体判断，拒绝原假设 H03（不同时代货币态度的焦虑维度全相同），即认为不同世代货币态度的焦虑维度存在明显差异。

综合表 6 – 10、表 6 – 11、表 6 – 12 的检验结果可以得到一个基本判断，虽然不同世代在货币态度的三个维度都存在显著差异，但在权力名望和焦虑维度是异同互现，可见是既有传承又有嬗变。而保留维度，则发生了明显的世代变迁，说明传统的黜奢崇俭、热衷储蓄、精打细算的价值观和生活方式已经在潜移默化中发生了改变。

（二）时代与货币态度的关系

发现不同世代之间金钱态度的差异具有统计学意义之后，采用 Spearman 秩相关分析进一步讨论各个时代与金钱态度之间是否存在线性相关关系。对应的原假设如下。显著性水平 $\alpha = 0.05$。

原假设 H04：世代与货币态度的权力名望维度之间具有线性相关关系；

原假设 H05：世代与货币态度的保留维度之间具有线性相关关系；

原假设 H06：世代与货币态度的焦虑维度之间具有线性相关关系。

如果世代与金钱态度三个维度之间存在显著线性相关关系，则可以进一步采用线性趋势分析，深入讨论这两个变量之间的变化关系是呈现直线关系还是某种曲线关系，采用的方法是 Jonckheere - Terstra 检验（显著性水平 $\alpha = 0.05$）。

由表 6 - 10、表 6 - 11、表 6 - 12 可知，权利名望维度题项 M1、M4、M5，保留维度题项 M6、M7、M9、M10，焦虑维度题项 M12、M13，各个时代之间存在显著差异，因此需要进行 Spearman 秩相关分析和 Jonckheers - Terstra 检验，显著性水平 $\alpha = 0.05$。结果如表 6 - 14 所示。

从以上分析结果可以看出，除了保留维度的 M6（我会对未来进行财务规划，并认真执行）、M9（买东西的时候一定要货比三家讨价还价）、M10（为了防备以后有事急需用钱，现在必须储蓄）题项和焦虑维度的 M12（我总是觉得钱不够用）题项之外，其余题项均显示线性相关不显著、线性趋势不明显，因此不能简单认为世代与货币态度的三个维度之间存在线性相关关系，即拒绝原假设

H04、H05 和 H06，接受备择假设 H2：世代与货币态度之间线性相关关系不成立。

表 6 - 14　Spearman 秩相关和 Jonckheere - Terpstra 检验结果

维度	题项	Kruskal - Wallis 检验结果	Spearman 秩相关 分析结果	Jonckheere - Terpstra 检验结果
权利 名望	M1	显著性差异	$\rho = 0.05$ P = 0.366 > 0.05 线性相关不显著	J - T 统计 = 20190.500 近似 p = 0.370 > 0.05 精确 p = 0.373 > 0.05 线性趋势不显著
	M2	无显著性差异		
	M3	无显著性差异		
维度	题项	Kruskal - Wallis 检验结果	Spearman 秩相关 分析结果	Jonckheere - Terpstra 检验结果
权利 名望	M4	显著性差异	$\rho = -0.059$ P = 0.284 > 0.05 线性相关不显著	J - T 统计 = 18313.500 近似 p = 0.247 > 0.05 精确 p = 0.244 > 0.05 线性趋势不显著
	M5	显著性差异	$\rho = 0.045$ P = 0.412 > 0.05 线性相关不显著	J - T 统计 = 20155.000 近似 p = 0.394 > 0.05 精确 p = 0.393 > 0.05 线性趋势不显著
保留	M6	显著性差异	$\rho = 0.129$ P = 0.019 < 0.05 线性相关显著	J - T 统计 = 21536.000 近似 p = 0.017 < 0.05 精确 p = 0.018 < 0.05 线性趋势显著
	M7	显著性差异	$\rho = 0.071$ P = 0.199 > 0.05 线性相关不显著	J - T 统计 = 20541.000 近似 p = 0.204 > 0.05 精确 p = 0.202 > 0.05 线性趋势不显著
	M8	无显著性差异		

续表

维度	题项	Kruskal – Wallis 检验结果	Spearman 秩相关 分析结果	Jonckheere – Terpstra 检验结果
保留	M9	显著性差异	$\rho = 0.188$ $P = 0.001 < 0.05$ 线性相关显著	J – T 统计 = 22495.000 近似 $p = 0.001 < 0.05$ 精确 $p = 0.001 < 0.05$ 线性趋势显著
	M10	显著性差异	$\rho = 0.141$ $P = 0.010 < 0.05$ 线性相关显著	J – T 统计 = 21509.000 近似 $p = 0.011 < 0.05$ 精确 $p = 0.010 < 0.05$ 线性趋势显著
焦虑	M11	无显著性差异		
	M12	显著性差异	$\rho = -0.152$ $P = 0.006 < 0.05$ 线性相关显著	J – T 统计 = 16888.500 近似 $p = 0.006 < 0.05$ 精确 $p = 0.007 < 0.05$ 线性趋势显著
	M13	显著性差异	$\rho = -0.076$ $P = 0.171 > 0.05$ 线性相关不显著	J – T 统计 = 18139.500 近似 $p = 0.176 > 0.05$ 精确 $p = 0.171 > 0.05$ 线性趋势不显著
	M14	无显著性差异		

四　研究结论和不足

改革开放 30 多年来，在经济快速发展和人民物质生活水平不断提升的同时，属于意识形态范畴价值观和文化也潜流暗动，发生了深刻变化，因为"归结于文化的国民特性往往是有其经济根源的"（波特：《文化的力量》）。而价值观和文化的变化集中体现在人们对待货币态度上，因为在高度货币化的现代社会，货币是通向一切最终价值的桥梁。本书利用静态的横截面数据考察不同世代个体货币态度的联系和差异，从代际传承和嬗变的角度，研究货币态度的动态变迁。得到的主要研究结论如下：

第一，不同世代货币态度的三个维度均存在显著差异，但并不是所有题项的时代差异都显著，这说明货币态度在世代之间既有传承，又有嬗变。

第二，保留维度的绝大部分题目世代差异显著，说明传统的黜奢崇俭、热衷储蓄、精打细算的价值观和生活方式已经在潜移默化中发生了改变。

第三，大多数题项时代与货币态度的三个维度之间并不存在线性相关关系，因此不能简单地认为货币态度的世代变迁是单向度的。

第四，从线性趋势明显的题项判断，越年轻对财务规划和精打细算的认同程度越低、储蓄的意愿越低，同时收入和欲望之间的差距越大。

上述研究结果是建立在对北京市居民进行随机调查分析结果上，因此研究结论仅仅适用于样本本身。另外，由于收集的数据限制，本书对货币态度随时代变迁的原因和货币态度对消费行为的影响，都无法展开进一步的分析，这也是未来的研究方向。

第七章　未来趋势：互联网+消费信贷

互联网与金融深度融合是大势所趋，将对现有金融产品、业务、组织和服务等方面产生深刻影响。2013 年是中国的互联网消费金融元年，在政府鼓励创新，支持互联网金融政策导向下，消费信贷市场蓄势待发。2014 年开始，除了商业银行之外，消费金融公司、电商巨头纷纷抢滩消费信贷市场，一时间风云突起，再掀竞争浪潮。本章在清晰界定互联网消费信贷相关概念基础上，以互联网消费信贷的整体发展现状作为研究支撑，结合典型案例分析，对互联网消费信贷与传统消费信贷进行比较研究。

第一节　"互联网+消费信贷"发展背景和现状

一　互联网消费信贷的相关概念界定

互联网金融：2015 年 7 月 18 日，中国人民银行等十部委发布了《关于促进互联网金融健康发展的指导意见》[①]，首次厘清了此前一直被混乱使用的互联网金融概念。根据该指导意见，所谓互联网金融，是指"传统金融机构与互联网企业（以下统称从业机构）利用互联网技术和信息通信技术实现资金融通、支付、投资和信息中介服务的新型金融业务模式"。并特别强调"互联网金融本质仍属

---

① 参见中国人民银行官网。

于金融，没有改变金融风险隐蔽性、传染性、广泛性和突发性的特点"。

网络借贷：央行的《指导意见》明确网络借贷包括个体网络借贷（即 P2P 网络借贷）和网络小额贷款。个体网络借贷是指个体和个体之间通过互联网平台实现的直接借贷。在个体网络借贷平台上发生的直接借贷行为属于民间借贷范畴，受合同法、民法通则等法律法规以及最高人民法院相关司法解释规范。个体网络借贷要坚持平台功能，为投资方和融资方提供信息交互、撮合、资信评估等中介服务。个体网络借贷机构要明确信息中介性质，主要为借贷双方的直接借贷提供信息服务，不得提供增信服务，不得非法集资。网络小额贷款是指互联网企业通过其控制的小额贷款公司，利用互联网向客户提供的小额贷款。网络小额贷款应遵守现有小额贷款公司监管规定，发挥网络贷款优势，努力降低客户融资成本。网络借贷业务由银监会负责监管。

互联网消费金融：央行《指导意见》并没有给"互联网消费金融"一个明确的定义，只是提到互联网消费金融是消费金融公司"通过互联网开展业务"。而现在媒体及各社会主体经常使用的互联网消费金融概念，则是指"资金供给方通过互联网及移动互联网的技术手段，将资金提供给消费者购买、使用商品或服务。互联网消费金融得益于互联网技术的进步，相比较传统的消费金融服务模式，一般具有覆盖用户面更广、提供服务更方便更快捷等特点"。[①]

由以上定义可以看出，通常所指的互联网消费金融，强调是以互联网或者移动互联网作为技术手段提供的消费信贷服务。其概念内涵与央行《指导意见》所指的互联网金融并不是一码事，后者强调是消费信贷服务的提供主体，前者强调技术手段。严格地说，通常意义上的互联网消费金融包括央行《指导意见》中所指的互联网消费金融，以及网络借贷中针对个人客户发放的以消费为借款目的的借贷行为。

---

① 参见易观智库《中国互联网消费金融市场专题研究报告（2015）》，www. analysys. cn。

互联网消费信贷：本书根据第一章的基本概念界定，将各类主体通过互联网或者移动互联网提供的消费信贷服务，称为互联网消费信贷。服务提供主体包括商业银行、消费金融公司和小贷公司等金融机构，也包括各类互联网企业。

二 互联网消费信贷的发展环境

（一）政策环境

1. 细分消费领域的产业政策

2013 年 8 月，国务院颁布《关于促进信息消费扩大内需的若干意见》，加快推动信息消费持续增长。在工信部推进和倡导下，各地信息消费的新模式、新业态纷纷涌现。2014 年 8 月，国务院印发《关于促进旅游业改革发展的若干意见》，进一步激发旅游业发展的活力和潜力，促进旅游业健康可持续发展，居民旅游消费需求将呈现稳定增长态势。2014 年 10 月，国务院印发《关于加快发展体育产业促进体育消费的若干意见》，在政府积极发展全民健身、竞技体育和体育产业的大背景下，体育消费正展现出巨大潜力。2014 年 11 月，国务院召开常务会议，鼓励养老健康家政消费，探索发展养老服务的新模式，制定相关的支持政策。消费服务品种将从低端到高端全面覆盖，养老消费面临升级。

2. 消费金融公司进一步扩容

2013 年 9 月，在银监会扩大消费金融公司试点城市范围名单后，又有五家消费金融公司成立，分别是总部位于广东的招联金融、位于福建的兴业消费金融股份公司、位于青岛的海尔消费金融公司、位于武汉的湖北消费金融公司、位于南京的苏宁消费金融公司。2015 年 6 月 10 日，国务院常务会议决定，放开消费金融的市场准入，将原来 16 个城市开展的消费金融公司试点扩大至全国，增加消费对经济的拉动力，大力发展消费金融，重点服务中低收入人群，释放消费潜力，促进消费升级。6 月 18 日位于重庆的马上消费金融公司开业，另外还有 3 家消费金融公司正在筹建过程中，分别是位于广州的中邮消费金融公司、杭州的杭银消费金融公司、合肥的徽银消费金融公司。

3. 鼓励和规范互联网金融发展

2015 年 7 月 18 日，央行又联合十部委联合发布了《关于促进互联网金融健康发展的指导意见》，遵循"鼓励创新、防范风险、趋利避害、健康发展"的总体要求，从金融业健康发展全局出发，进一步推进金融改革创新和对外开放，促进互联网金融健康发展。

（二）市场环境

随着"80"后、"90"后成长为消费市场主流消费人群，消费观念和消费模式也发生了转变。一方面，年轻人消费观念更加多样开放，再加上居民收入的不断增加、社保体系的逐步健全、消费环境的逐渐改善，消费者开始敢消费也愿消费。社会主流的消费观念由传统强调勤俭节约、量入为出的理性保守消费，转变为追求物质享受、注重休闲娱乐的提前消费、信用消费，消费信贷的发展迎来了历史性的机遇。另一方面，成长于互联网时代的"80"后、"90"后，高度依赖于网络，习惯于网络购物，享受在线服务，这给互联网消费信贷的发展提供了条件。

三　互联网消费信贷发展现状

2015 年 6 月 18 日，在中国消费信贷发展历程，是个值得记住的日子。这一天，各路电商阻击京东店庆打折的欢愉，互联网消费信贷产品成了互相制敌的法宝；这一天，中国首家线上线下相结合的消费金融公司——马上消费金融公司——获得银监会批准开业；被称为"宇宙大行"的工商银行，也在这一天宣布成立个人信用消费金融中心，剑指纯信用、纯线上消费类贷款。不管是国有大行，如工商银行；还是民营企业，如马上金融；抑或是互联网巨擘，如蚂蚁金服、京东金融，各路资本纷至沓来，纷纷觊觎抢滩消费信贷市场。

目前，我国互联网消费信贷行业参与主体包括依托于互联网渠道展开消费信贷业务的各类型金融机构和互联网企业，参与主体日渐丰富并且优势各显。具体地说，主要包括商业银行、消费金融公司、小贷公司等传统主体，和以京东、天猫为代表的电子商务公司，以及以支付宝、财付通为代表的第三方支付企业。未来，消费信贷市场的参与主体必将越来越丰富，产品必将越来越多元化。

其中，基于电商平台的消费信贷将成为未来互联网金融发展的重要方向。艾瑞咨询认为，对电商企业而言，互联网消费信贷的核心吸引力是对电子商务产生直接的推动作用，并在企业和用户之间建立除商品之外更深层次的链接。未来，将有更多的互联网企业参与进来，其中，消费流通领域中的企业居多，包括已经占有一定市场地位的电商企业、旅行预订企业、互联网教育企业，以及在线房地产中介产业，等等。① 凡是结合消费流通场景的企业均有参与消费信贷市场的价值和意义，消费信贷是支撑其在线发展，提升其核心业务竞争力的重要一环。

第二节　"互联网＋消费信贷"的发展模式

一　传统商业银行消费信贷业务触网

传统商业银行发展互联网消费金融有两种方式：一种是成立专门职能中心或者事业部。以工商银行为例，2015 年 6 月 18 日，工行成立个人信用消费金融中心，全面发展无抵押、无担保、纯信用、纯线上的消费信贷业务。客户可通过工行网上银行、手机银行、直销银行以及即时通信平台——融 e 联等渠道申请贷款。根据工行个人信用消费金融中心总经理栾建胜的介绍，"中心业务将以小额分散的消费类信用贷款为主，贷款金额在 600—30 万元，而利率水平则将低于信用卡产品价格"。与信用卡透支相比，信用消费信贷的主要区别是，信用卡透支遵循实贷实付原则，采取委托支付方式，银行直接控制贷款资金的流向；而信用消费贷款则是采取直接支付方式，客户可以直接将钱取走，自行支配资金用途，这就给了客户更大的自由。

第二种方式是控股消费金融公司，通过消费金融公司开展互联

---

① 艾瑞咨询集团：《中国互联网消费金融产业趋势报告》，www. irearch. com. cn。

网消费信贷业务。比如，北京银行控股的北银消费金融公司，可以通过公司手机 APP 端或者官网申请贷款，最高额度可达 5 万元。相较于信用卡透支 18% 的年利率，消费信贷的贷款费率普遍低于 15%，最低可在 7%—8% 左右。目前，除北京银行旗下设立了北银消费公司以外，还有兴业、招行筹建了消费金融公司。另外，平安银行、南京银行也纷纷进军消费金融领域。南京银行参与投资苏宁消费金融有限公司，并持股 20%。中央财经大学中国银行业研究中心主任郭田勇认为，各家银行积极探索，一方面源于国家的鼓励，另一方面也源于银行业自身，给未来转型提供一个方向。"现在银行业也面临增速下滑的困境，转型势在必行，而服务于小客户、小企业也成为银行转型的必由之路"。

2015 年 7 月 22 日，平安普惠董事长兼首席执行官赵容奭对外宣称，历经 4 个月整合之后，平安普惠的产品、系统和团队各方面已经整合完毕。平安普惠是由平安旗下的三大业务模块整合而来，包括平安直通贷款业务、平安易贷（平安信保产品）和陆金所旗下的 P2P 业务，号称"天"、"地"、"网"。之所以整合成立平安普惠，据赵容奭介绍，是因为中国消费者的贷款需求正在快速增长，有机构预测，2015 年增速将达到 25%，消费信贷的规模将突破 20 万亿元。在这样巨大的市场需求下，金融服务供给相对滞后。比如银行的手续烦琐、门槛高、放款慢；P2P 和小贷公司由于服务和运营相对不够稳定，面临信任问题。平安普惠的打造，期望能弥补双方之间的差距。

"我们的 P2P 业务每月新增 30 亿元贷款，大多数投资者都来自一线城市，借款人却广泛分布在全国各地。这样一来，城市的资金就有可能被重新分配到农村地区"。赵容奭说。剥离之后，陆金所成为一个开放的 P2P 交易服务平台，面向市场上所有 P2P 和小贷公司。平安普惠的 P2P 只是陆金所的一个合作伙伴，其将专注于发展自营业务，包括贷款全流程服务，如贷款产品、销售、风控、催收等。

二　消费金融公司线上＋线下模式

2015 年 3 月招联消费金融公司开业，由招行旗下的香港永隆银行与中国联通合资设立，是国内首家在《内地与香港关于建立更紧密经贸关系的安排》（CEPA）框架下获批开业的消费金融公司。招联消费金融公司兼具传统银行和互联网信息技术企业的背景，特别是联通拥有大量的客户群体、渠道和数据，未来将向传统金融机构覆盖不到的客户群体，提供更具普惠性质的互联网消费金融服务。招联消费金融公司目前主推"零零花"、"好期贷"两款产品，有着明显的互联网基因，全部由线上申请。除了通过自身的手机 APP 渠道外，"零零花"入驻了联通网上营业厅，消费者可直接通过该产品分期购买手机；好期贷入住了支付宝平台，芝麻信用分达到 700 分的用户，可以在线申请 1 万元人民币以内的消费贷款。

2015 年 6 月 18 日成立的马上消费金融股份有限公司（以下简称"马上金融"）是一家为中国国内居民提供个人消费金融服务的互联网消费金融服务公司，主要股东是：重庆百货大楼股份有限公司，出资 9000 万元人民币，出资比例 30%；北京秭润商贸有限公司，出资 6000 万元人民币，出资比例 20%；重庆银行股份有限公司，出资 5400 万元人民币，出资比例 18%；阳光财产保险股份有限公司，出资 3600 万元人民币，出资比例 12%；浙江中国小商品城集团股份有限公司，出资 3000 万元人民币，出资比例 10%；物美控股集团有限公司，出资 3000 万元人民币，出资比例 10%。本着"为百姓服务"的价值观与"让生活更轻松"的愿景，旨在充分发挥股东价值，发展互联网平台作用，打造"线下实体消费金融＋线上互联网消费金融"的业务发展模式。以线下客户挖掘为基础，以线上互联网推广为引擎，通过差异化产品设计，使公司成为技术驱动、全国性消费金融公司。捷信母公司 PPF 集团中国区总裁卢米尔·马龙表示，能够有很多企业进入到这个行业中，对客户来讲是一件非常好的事。有了竞争，企业就需要有能力研发出更有趣、有创意的产品，同时为客户提供更多的附加服务和价值。

除此之外，传统消费金融公司最近也不甘落后地，推出各种针对大学生的消费金融产品，最具代表性的是互联网分期购物平台。比如，捷信消费金融公司宣布为大学生客户推出定制的安全消费金融产品，打造安全学生贷款的新标准。学生在通过迪信通购买指定商品时可享受不同的首付和分期，但当大学生客户有特殊原因无法履行还款义务时，可以选择"以货抵贷"，考虑将情况良好的商品退给指定第三方机构，用以抵消未完成的贷款额。但由于目标群体缺乏稳定收入，且客户绝对数量较小，未来分期购物平台在坏账率、征信数据获取、客户群体延续性等方面均面临挑战。目前，大学生分期购物市场竞争激烈，类似刚刚启动时期的团购市场，未来市场将经历整合后形成几家行业领先企业。

三　基于电子商务派生出的消费信贷服务

中国电子商务市场经历十几年发展，处于高速增长状态，最重要的是，改变了网民群体的购物习惯和生活方式。迫于需求方消费习惯的改变，大量传统制造企业、零售企业都已经开始转型，建立自身的电子商务渠道。伴随着电子商务的发展，围绕着电子商务本身的生态、产业链与电子商务平台所积累的大数据，不断派生出各种金融生态，并逐渐强化用户对便捷金融服务的需求。央行发布的《关于促进互联网金融健康发展的指导意见》也鼓励电子商务企业在符合金融法律法规规定的条件下自建和完善线上金融服务体系，有效拓展电商供应链业务。基于电子商务派生出来的互联网消费信贷服务模式主要依托自身的互联网金融平台，面向自营商品及开放电商平台商户的商品，提供分期购物及小额消费贷款服务。由于电商在互联网金融、网络零售、用户大数据等领域均具有明显优势。因此，在细分的互联网消费金融领域中，综合竞争力也最强，未来也将引领市场的发展趋势。

2014 年初，京东推出"京东白条"率先进入消费金融领域。京东白条是依托京东电商业务，为用户提供信用赊购服务的互联网消费金融产品，也是业内较早推出的相关产品。2015 年以来新推出的"白条＋"系列产品，与不同领域的消费企业深度合作，将自身消费金融业务拓展到京东商城平台之外的大学、旅游、租房等领域。

作为首款"白条＋"产品，旅游白条将消费金融服务与各种旅游消费场景深度结合。不仅覆盖了传统的交通出行、酒店住宿及旅游休闲等产品，还将服务范围延伸至定制游、亲子游等细分旅游市场。旅游白条解决了购买力有限的白领及学生群体，在旅游时一次性占用资金较大的问题，使旅游出行真正做到了"说走就走"。京东金融与自如合作推出的租房白条，成功地将白条这一消费金融服务对接到租房这一消费金额较高（每月房租均在千元以上）、违约风险相对较低（用户不付房租即算作退租，房源重新进入租房市场）的消费场景中。租房白条改变了传统"押一付三"的房租缴付模式，缓解了应届大学毕业生及青年白领的资金压力，解决了目标用户初入职场的经济拮据与大城市高额的房屋租赁价格之间的矛盾。据数据统计，京东商城上，56％的交易都是白条购买的；三星 S6 首发，44％的手机通过白条购买。分析人士认为，这在一定程度帮助品牌商家和消费者改变了传统的消费形态和消费模式。

阿里金融也不甘示弱，依托自身丰富的消费场景，于 2014 年 6 月推出了天猫分期购，2014 年 12 月推出"花呗"，又于 2015 年 4 月推出"借呗"等互联网消费信贷产品。其中，"花呗"只能用于在淘宝和天猫网购，而"借呗"申请到的借款直接打入支付宝并允许转入银行卡，资金可用于线下消费。"借呗"完全以芝麻信用分作为判断用户信用水平的依据，这是芝麻信用首次接入消费金融的具体应用场景。

第三节　互联网消费信贷的比较优势和存在的主要问题

一　互联网消费信贷的比较优势

相较传统的线下消费信贷服务，互联网消费信贷优势主要体现在以下三个方面：

（一）客户覆盖面广，更能体现普惠金融的原则

互联网特别是移动互联网技术在消费金融领域的应用，使消费金融服务更具普惠性，能够覆盖更多的中低端用户群体，包括农民工等流动人口，以及大学生等中低端用户群体。消费金融服务的覆盖面，也进一步扩展到生活消费的各个场景。中国互联网消费金融市场目前处于市场启动阶段，随着互联网金融行业的整体发展、居民消费观念的进一步升级，以及对互联网消费金融服务模式的逐步认可，互联网消费金融市场在未来三年将继续保持爆发式增长的势头。2014 年互联网消费金融市场交易规模达到 96.9 亿元人民币，环比增长 112.5%。根据易观智库的预计，到 2017 年，市场交易规模将突破 1000 亿元人民币。

互联网金融对促进小微企业发展和扩大就业发挥了现有金融机构难以替代的积极作用，为大众创业、万众创新打开了大门。促进互联网金融健康发展，有利于提升金融服务质量和效率，深化金融改革，促进金融创新发展，扩大金融业对内对外开放，构建多层次金融体系。

（二）依托电子商务消费场景，为客户提供一体化服务

互联网时代，得用户者得天下。发展互联网消费金融不是简单地将消费金融业务互联化，而是需要具备坚实的互联网基础，其中最重要的是海量用户。这些用户分为不同种类，包括消费、社交、娱乐等，而且用户不仅要量大，还要相对稳定，具有较强的黏性。有了大量的优质用户资源，互联网企业和消费金融公司才具备了分析用户行为的前提，进而评估信用，主动批量授信，将用户迅速转化为"客户"。

互联网金融呈现场景化的发展趋势。随着客户消费观念转变和消费行为升级，消费金融市场将会更加的细分，在更多垂直领域进行渗透。展望未来，不单单在家电、3C 产品等领域有分期需求，随着消费场景的垂直划分，消费金融必须向更多的消费场景扩展，以满足人们在旅游、教育、家装、租房、婚庆、医疗等方面的全方位消费需求。可以预见，未来消费信贷服务机构将会与更多的垂直类

电商平台或线下商户进行业务合作，覆盖更多的消费场景。依托电子商务的消费场景，是基于电子商务派生出来的互联网消费信贷服务模式最大的优势，即将原本自身成熟的网上商城，与新近提供的金融服务联合起来，用巨人网络集团董事长史玉柱的话说，"有了场景，互联网金融才能有戏"。

（三）依托大数据，创新风险控制模式

互联网消费信贷突破了传统金融企业线下风控传统模式，将信用评估与用户行为及数据化平台对接，形成了依托于供求产业链、大数据两个核心维度的风险控制创新方向。提升了贷款审核的效率，并能精确把握客户的贷款需求和还款能力，无论是风险控制还是效率方面都有了明显的提升。大数据分析技术是互联网消费金融公司的核心能力。光有海量的用户资源是不够的，还需要积累大量关于用户行为的数据，并借助大数据的技术手段和分析工具，对用户进行全面、详细、精准的认知，进而形成完整、多维的用户画像，更深度了解用户，有效转化用户。

二　互联网消费信贷存在的主要问题

（一）风险控制能力亟须进一步加强

对于金融机构来说，成也风险，败也风险。互联网金融本质仍属于金融，没有改变金融风险隐蔽性、传染性、广泛性和突发性的特点。根据苏宁消费金融公司陈鸣（2015）的体会，互联网消费金融面临两大突出风险。一是操作风险，主要包括由于客户欺诈行为而带来的欺诈损失和信息系统操作失误、缺陷、攻击而带来的风险；二是信用风险，主要是因次级信用群体带来的直接损失。这就需要在发展互联网消费金融业务时更加注重风险控制，通过制定和设计更科学的风控政策和风险模型，运用人脸识别和云征信等技术，建立强大的信用评分和决策系统、反欺诈系统以及催收管理系统，同时加强核心信息系统自主研发能力，加强系统安全监测和内控管理，实现风险能控、可控、易控。

通过数十年探索，传统商业银行已建立起一整套包括信贷风险管理、审贷授信管理系统的风控管理机制。包括贯穿信贷事前、事中、事后全过程的中央风控机制，采用了周期性风险管理方法，通过常规营业部门、审批风控中心和风险控制部门这"三道防线"，全方位、不间断地对客户信息进行动态监控。此外，商业银行在个人和小微企业贷款领域普遍使用评分卡模型，借鉴了国际消费信贷行业的领先技术，并结合自身多年积累的业务数据，基于信用记录、客户自然属性、第三方大数据信息，综合评估客户风险。而互联网消费信贷发展的时间尚短，目前尚没有形成一套行之有效的风险控制的成熟模式和方法。大数据技术的不断进步，将助力互联网征信成为中国社会信用体系的重要力量。虽然大数据和云计算给解决风险控制问题提供了新思路和无限可能，但是，由于目前各个电商平台拥有的大数据都是表面的、片段的，所以完全以这部分数据"碎片"作为信用评估的依据，有悖稳健经营的原则。

（二）资金来源"瓶颈"尚未得到有效解决

对于消费金融公司等非银行金融机构，由于不具有吸收公众存款资格，如何取得大量低成本营运资金成为发展中的首要问题。目前消费金融公司虽然有吸收股东存款、同业拆借、发行金融债、资产证券化等多种融资方式，若股东没有大量富余资金，或对富余资金收益率要求较高，都将直接制约消费金融公司的业务发展。所以，虽然互联网渠道、批量授信、大数据风控等有效降低了人力成本、获客成本和风险成本，如果卡在资金上，普惠金融初衷依然难以真正落地。所以，发展互联网消费金融，一方面，需要寻求对消费金融有深刻认识的强大股东，确保在初期有意愿有能力持续提供低成本资金支持；另一方面，监管部门应对消费金融公司开展监管评级，实施分类监管，对符合发展方向、创新动力强劲、业务发展稳健合规的互联网消费金融公司给予更广的资金渠道和更宽松的资金政策支持。

三　互联网消费信贷发展建议

（一）各类金融机构与互联网企业合作，建立线上线下互动服务模式

随着移动互联时代的来临，海量商品和服务不断涌现，用户需

求和行为呈现碎片化和多样化，要求提供随时随地消费的服务。互联网特别是移动互联网的发展为客户提供便捷的购物体验，但消费场景目前不能、以后也很难全部线上化，发展趋势将是线上、线下互动的O2O模式，为用户提供随时随地、任意切换的全渠道服务场景。互联网消费金融的优势之一就是跟着消费场景走，消费金融服务需要与消费场景直接对接、无缝融合，将信贷支付融入购物环节，更加方便快捷。因此，互联互通的O2O消费金融模式是必然要求。同时线下渠道也是业务风险控制的内在要求，由于消费金融公司单笔最高额度为20万元，额度较大的业务需要提交资料和面签，需要在全国各地安排落地点提供现场服务。

应鼓励从业机构相互合作，实现优势互补。支持各类金融机构与互联网企业开展合作，建立良好的互联网金融生态环境和产业链。鼓励银行业金融机构开展业务创新，为第三方支付机构和网络贷款平台等提供资金存管、支付清算等配套服务。支持小微金融服务机构与互联网企业开展业务合作，实现商业模式创新。支持证券、基金、信托、消费金融、期货机构与互联网企业开展合作，拓宽金融产品销售渠道，创新财富管理模式。鼓励保险公司与互联网企业合作，提升互联网金融企业风险抵御能力。

（二）推动信用基础设施建设，培育互联网金融配套服务体系

互联网消费金融业务的进一步发展，除了消费者对业务模式的接受程度外，主要受制于个人征信数据的匮乏。缺少征信数据，导致目前的个人消费贷款业务违约率随着业务的扩展逐渐升高，给互联网消费金融服务厂商带来的风险也逐步加大。因此，作为消费金融"基础设施"，网络征信业务就显得尤为重要。年初，央行向8家民营机构下发个人征信业务筹备许可。目前，6个月的准备期限已到，首批入围个人征信牌照机构的终期验收已近尾声，有望与近期正式发放牌照。同时，已有多家机构正在积极申请第二批个人征信牌照。多维度、跨行业的数据整合是未来消费信贷行业发展需要着重解决的问题，拥有大量用户数据的主体也将拥有较强的发展优势。

支持大数据存储、网络与信息安全维护等技术领域基础设施建设。鼓励从业机构依法建立信用信息共享平台。推动符合条件的相关从业机构接入金融信用信息基础数据库。允许有条件的从业机构依法申请征信业务许可。支持具备资质的信用中介组织开展互联网企业信用评级，增强市场信息透明度。鼓励会计、审计、法律、咨询等中介服务机构为互联网企业提供相关专业服务。

征信直接关系互联网消费金融的风险防控水平，也是互联网消费金融发展面临的难题之一。消费金融公司虽然通过电商平台可以获取所积累的大量用户数据，但主要局限于某一方面，如消费行为记录、社交记录等，要想构建更精准的信用评分模型，需更全面的征信数据。但目前消费金融公司采集征信的渠道较窄，外部征信只能接入人行征信系统，还可以通过与专业的征信公司合作，但一些公共征信数据仍难以获取，如税收、公安、行政等关键信息，难以综合评判客户信用状况。本次《指导意见》明确提出推动信用基础设施建设，鼓励从业机构依法建立信用信息共享平台，对行业发展是一大利好。接下来建议中央部委能够尽快对个人信用信息进行跨部门整合，构筑完整的个人信用信息基础数据库。

（三）分类指导，明确互联网金融监管责任

加强互联网金融监管，是促进互联网金融健康发展内在要求。同时，互联网金融是新生事物和新兴业态，要制定适度宽松的监管政策，为互联网金融创新留有余地和空间。通过鼓励创新和加强监管相互支撑，促进互联网金融健康发展，更好地服务实体经济。互联网金融监管应遵循"依法监管、适度监管、分类监管、协同监管、创新监管"的原则，科学合理界定各业态的业务边界及准入条件，落实监管责任，明确风险底线，保护合法经营，坚决打击违法和违规行为。

对互联网金融行业来讲，《指导意见》出台的主要意义是"正名"，也就是正式纳入监管。对于互联网消费金融业务，意见的导向也较为明确。目前开展消费金融业务的主体多种多样，市场呈野蛮生长之势，但《指导意见》只明确规定消费金融公司通过互联网开展业务有关情形，未提及其他非持牌机构开展的互联网消费金融业务，并明确界定互联网消费金融业务由银监会负责监管。由此我们认为，互联网消费金融的监管将逐步规范，持牌经营是大势所趋，其中包括设立专业性消费金融公司或商业银行开辟专项消费金融事业部等方式。

（四）加强消费者金融服务权益保护

由于互联网消费信贷服务对象主要是中低收入群体，因此加强消费者金融服务权益保护就显得尤其重要。加强互联网金融产品合同内容、免责条款规定等与消费者利益相关的信息披露工作，依法监督处理经营者利用合同格式条款侵害消费者合法权益的违法、违规行为。构建在线争议解决、现场接待受理、监管部门受理投诉、第三方调解以及仲裁、诉讼等多元化纠纷解决机制。细化完善互联网金融个人信息保护的原则、标准和操作流程。严禁网络销售金融产品过程中的不实宣传、强制捆绑销售。人民银行、银监会、证监会、保监会会同有关行政执法部门，根据职责分工依法开展互联网金融领域消费者和投资者权益保护工作。

第八章　结语：消费信贷
与中国梦

第一节　金融的社会功能观

一　回到金融本质

在人类社会发展过程中，从早期的钱庄、银行发展到现代功能齐全的金融机构和健全发达的金融市场，金融的范畴不断扩大，逐渐形成了庞大而复杂的金融系统。但是，金融本质并不曾改变。根据黄达先生的定义，金融是"凡既涉及货币，又涉及信用的所有经济关系和交易行为的集合"（黄达，2012）。理解金融本质，需要把握以下三点：第一，金融的核心功能是跨时间、跨空间的价值交换，所有涉及货币资金在不同时间、不同空间进行配置的交易都是金融交易；第二，没有信用就没有金融，信用是金融交易得以完成的安身立命之本。无论多么复杂的金融工具创新，是离不开信用的；第三，金融是为实体经济服务的，离开了实体经济，金融就没有了存在的价值。邓小平说："金融很重要，是金融现代经济的核心。金融搞好了，一着棋活，全盘皆活。"[①] 金融只有在为实体经济服务的过程中，自身才能得到充分的发展，成为"核心"。王岐山在做国务院副总理的时候说过"百业兴，则金融兴；百业稳，则金

---

① 邓小平：《视察上海时的谈话》，《邓小平文选》第三卷，人民出版社 1993 年版，第 366 页。

融稳"。① 脱离了实体经济，金融就成了无源之水、无本之木。

二　金融功能观

20 世纪 90 年代初，罗伯特·莫顿和兹维·博迪提出一个分析金融问题的非常有用的框架：金融功能观，有助于理解金融系统的作用。他们认为，金融系统基本的、核心的功能，可归纳为六项：在时间和空间上转移资源；提供分散、转移和管理风险的途径；提供清算和结算的途径，以完结商品、服务和各种资产的交易；提供集中资本和股份分割的机制；提供价格信息；提供解决"激励"问题的方法。博迪—莫顿的金融功能框架对于深刻理解金融系统的结构和格局有重要作用。但需要明确的是，这个框架是一个微观分析的框架，它是把金融作为一个相对独立的产业和系统来考察，就金融而谈金融，侧重于在"术"的层面上探讨金融体系的具体功能。

三　金融的社会功能观

金融是现代经济的核心，也是一个特殊的公共产业，对整个经济发展具有举足轻重的影响。而社会经济的发展是整个社会发展的重要内容，对社会发展具有决定性的作用，经济制度既是社会变迁的结果，又直接影响社会变迁。因此，把金融系统放在整个社会的宏大背景下，从社会功能的角度，在"道"的层面上认识金融的功能，也许对理解什么是"好的"金融更具启发性。

（一）金融与经济发展的关系

金融与经济发展的关系一直受到经济学家的关注，20 世纪 60 年代起成为发展经济学中一个重要的研究领域。学者们发现金融发展与经济发展之间存在平行的关系（Goldsmith et al.，1969；King and Levine，1993；Levine and Zervos，1996），甚至是促进的关系（Levine，Loayza and Beck，1999）。并为此得出金融压抑不利于经济发展，发展中国家需要有金融自由化的结论（Goldsmith et al.，1969），随着实践发展，金融发展与经济发展的关系被更深入讨论，人们发现金融发展与经济发展之间并非清晰的促进或者单向因果关

---

① 王岐山：《王岐山强调保持金融稳健运行》，《中国证券报》2010 年 7 月 9 日。

系。卢卡斯（Lucas，1988）提出经济发展也会创造对金融服务的需求，导致金融部门的发展，因而具有内生性质。卢卡斯的观点得到了实证研究的支持（Demetriades and Hussein，1996）。此外，麦金农、戈登史密斯等人关于在发展中国家推进金融自由化以促进经济增长的建议在实践中并没有取得理想效果，以至于有学者提出要有一定程度的金融约束（金融管制）（T. Hellman，K. Murdock and Stiglitz，1997）。进入 21 世纪，有更多的研究从关注总量转向关注结构，形成一批讨论金融结构与经济发展关系的研究成果。研究发现，金融结构与经济发展阶段性的适配程度会影响金融对经济发展的作用（F. Allen and D. Gale，2000；林毅夫等，2009）。按照结构论，处于不同经济发展阶段的经济体具有不同的要素禀赋结构，并由此决定了与其相适应的最优产业结构，而处于不同产业的企业具有不同的规模特征、风险特性和融资需求，因此，处于不同经济发展阶段的实体经济对于金融服务的需求存在系统性差异。只有金融体系的结构与实体经济的最优产业结构相互匹配，才能有效地发挥金融体系的基本功能，促进实体经济的发展。因此，在经济发展过程的每个阶段，都存在与其最优产业结构相适应的最优金融结构。如果金融体系的实际结构背离其最优路径，则会降低金融体系的效率，抑制实体经济的发展，甚至可能引发系统性的金融风险（林毅夫等，2009）。金融结构论更深刻地揭示了金融对于经济发展的作用在于，金融服务的供给是否能够很好满足经济发展的需求，这种供求匹配关系不仅针对总量匹配，更加针对结构匹配。

（二）金融扩大了个人自由

在没有发达的金融系统之前，家庭依靠血缘关系实现跨空间、跨时间的资金配置，一些传统观念反映了家庭人格化的金融交易职能，比如"养儿防老"、"多子多福"。这种情况下，个人生存高度依赖于家庭，由于血缘关系是无法选择的，所以个人几乎没有什么自由可言，必须严格地服从家长意志、等级秩序。随着经济和金融的发展，年轻人可以通过自己按揭贷款买房、结婚，以后赚了钱还银行，自己花自己的钱。而父母可以购买养老保险、养老基金，等退休后花自己的钱养老。经济上的自足是人格独立的基础，金融削弱了个人对家庭的依赖，给人以更大的自由和自尊。同样，改革开放前，"单位"掌握了极大的资源配置权力，个人生存状况高度依赖于"单位"。随着社会与经济的发展，金融让中国人获得了更多的自由资本，可以不必像过去那样仰"单位体制"之鼻息了。对此，经济学家茅于轼不无感慨：相较于改革开放前的穿衣服没有自由，找工作没有自由，想挣钱没有自由，想旅行没有自由，想思考没有自由，等等，现在中国人的自由显然明显增加。

（三）普惠金融与社会公正

经济学已经证明了市场机制能够最有效配置各种资源，所以人类社会经济发展离不开市场制度，离不开交易，离不开价格，一切抛弃市场的想法都是哈耶克所说的"致命的自负"。市场最大的作用是极大地释放了个人的欲望和潜能，让各种要素公平而自由的交换，"增加了社会的流动性，提高科技的使用程度，产生一个多元的社会"（黄仁宇，2006）。如孟德斯鸠所言"有商业的地方就有美德"。准确地说，是在有市场、有公平竞争的地方，就有美德。但是，市场也有很多的弊端，其中最大的弊端是"有一种明显不可避免地制造不平等的倾向"（葛霖，2010），最终导致社会贫富差距过大。如黄仁宇先生所言"我们欣赏其技术之成功，并不一定要歌颂其道德之伟大"。

为传统市场经济服务的主流金融体系具有明显的"嫌贫爱富"的特质，其结构与社会经济结构严重不对称。在中国，这一问题更加突出。我国社会经济结构呈"正金字塔"形，而金融结构呈"倒金字塔"形，处于社会经济结构中下层的企业（特别是小微企业）和中低收入居民长期得不到充分的金融服务。正是为了纠正这一偏差，联合国在"2005 国际小额信贷年"的宣传中，提出了普惠金融（financial inclusion，亦译为包容性金融）的概念，并将其定义为能有效、全方位地为社会所有阶层和群体提供服务的金融体系。主要包括四方面内容：一是家庭和企业以合理的成本获取较广泛的金融服务；二是金融机构稳健，要求内控严密、接受市场监督以及健全的审慎监管；三是金融业实现可持续发展，确保长期提供金融服务；四是增强金融服务的竞争性，为消费者提供多样化的选择。

普惠金融最初的基本形态是小额信贷和微型金融，经过多年发展，已基本涵盖储蓄、支付、保险、理财和信贷等金融产品和服务。其中有的侧重交易的便利，有的侧重居民生活的改善，而有的则侧重对创业投资的支持。无论采取哪种方式，普惠金融最终都致力于促进社会公平正义，帮助处于社会中低阶层的公民提升自身能力，提高收入水平和生活质量。从理论到实践，全世界对发展普惠金融已达成共识并列出路线图和时间表。世界银行敦促各国政策制定者推动普惠金融建设，关注有益于贫困人口、妇女及其他弱势人群的产品，到 2020 年实现为所有工作年龄的成人普及金融服务的目标。目前已有 50 多个国家设立了促进普惠金融发展的明确目标。

四　"好的"金融和"坏的"金融

（一）"坏的"金融：走得太远，忘记了为什么出发

2008 年全球金融危机引发了世界范围内对现行金融体系的不满和不信任。《经济学人》2014 年做了一项调查，"总体而言，你认为金融有利于还是有害于美国经济"？被调查对象中有 48% 的人认为有害，34% 的人认为有利。美国金融学会会长 Luigi Zingales 在 2015 年年会的演讲上说："虽然一个发达经济体需要一个成熟的金融部门是毫无疑问的，但是以目前的知识积累来看，并没有理论推导或者实证支持这么一个观点，即过去四十年中所有金融部门的增长都有益于社会。事实上，不管是理论证据还是实证证据，都显示出金融有纯粹的寻租空间。为所有的金融形式进行辩护，不情愿区分良莠，我们正逐渐失去为金融业真正的贡献进行辩护的信誉"。尽管现有的金融体系存在诸多问题，但是其功能仍然是非常强大的，"我们不应该让已经做错的事情妨碍还可以做对的事情，也不应该推翻已经取得的进步"（拉詹，2011）。区分良莠，找到原因，才能重新建立社会公众对金融体系的信心。

回顾这场金融危机我们认为，最根本的原因在于金融体系的发展偏离了金融的本质，走得太远，忘记了为什么出发。首先是抛弃

了以实体经济为中心，变成以自我为中心，自拉自唱、体内循环。20世纪50年代以来西方金融创新出现持续高潮，大量新型金融工具不断涌现。在高额利润和竞争压力之下，即便是最善良的人，也忘记金融创新最初的目的，特别是一些衍生金融工具，从设计到交易越来越脱离真实信用和实体经济的发展。他们在金融市场上通过反复易手而自我膨胀，成为最刺激的投机工具。在杠杆倍数不断放大的过程中，膨胀虚拟资本，刺激过度投机，极大地积累了金融风险。一方面，金融泡沫刺激着投机，使大量的资金不能用于实体经济，却在金融市场上兴风作浪；另一方面，金融泡沫不具有持久性，在价格暴涨中形成泡沫也只有在通过价格暴跌、泡沫破灭来消肿。

其次是忘记了金融业是经营信用行业，是一个高风险行业。无论怎样的创新，都不能脱离信用基础，没有信用基础的金融是伪金融。经营信用的过程中始终伴随着诸多系统性风险和非系统性风险，控制和管理风险始终是金融系统的首要任务。由于金融业在国民经济中的特殊性，加上其提供公共服务的属性，涉及面很广，少数金融机构出现支付困难、清偿力不足，就会失去公众信任，动摇信用基础，引发金融动荡。一旦金融危机爆发，必然破坏整体经济运行和社会经济秩序，甚至引发经济危机，累及世界经济。

（二）"好的"金融：上善若水，水善利万物而不争

金融是一门功能性科学，其存在的价值在于帮助实现其他的目标，即社会的目标。"金融所要服务的目标都源自民众，这些目标反映了我们每一个职业上的抱负、家庭生活中的希望、生意当中的雄心"（希勒，2012）。Gennaioli等（2014）指出，与医疗保健一样，金融业是公共服务业，人们无法自给自足。尽管成本很高，但是不使用这些专业服务情况只能更糟，因为大部分人并不了解这个领域。这两个部门都提供所需的服务，但很少有人能够理解，因此这两个部门都特别依赖信任。同时，这两个部门都充满了利益冲突，也都曾经历过巨大的滥用和欺诈。

既然金融业提供的是公共服务，那么判别"好的"金融的标准

就应该是能否实现金融的社会功能。根据前面的相关论述，可以这样概括：好的金融应该服务于实体经济，为客户创造价值，有助于建设一个更繁荣、更自由、更平等的"好的"社会。形象地说，好的金融应该具有水的品质，能使"万物"得它的利益，而不与万物争利。《老子》里有一段关于水的描述："上善若水，水善利万物而不争，处众人之所恶，故几于道。居善地，心善渊，与善仁，言善信，正善治，事善能，动善时。夫唯不争，故无尤。"这一段话虽然是谈个人为人处世的道理，但是用于作为"好的"金融的行为准则，也同样适用："居善地"——助人成事，甘居下地；"心善渊"——包容性发展；"与善仁"——为客户创造价值；"言善信"——视信用为生命线；"正善治"——公平公正；"事善能"——敢于担当，不负重托；"动善时"——把握机遇，择时而动；再加上最基本的原则——不与实体经济争利，便可以符合"以其无私，故能成其私"的天地之道。可惜的是，在利益的巨大诱惑和永远的竞争压力下，金融机构往往背道而驰，也给自身的发展埋下了隐患。在美国金融危机之前，企业利润的40%流入了金融中介部门（斯蒂格利茨，2012）。

第二节　消费信贷与中国梦

一　对于中国梦的理解

对于中国梦有不同理解，但是毫无疑问在中国梦的丰富内涵中，"人"无疑是关键要素。"中国梦归根结底是人民的梦，必须紧紧依靠人民来实现，必须不断为人民造福"。习近平主席的重要讲话，阐明了中国梦的核心价值，也指明了中国梦的动力源泉。中国梦既是"宏大叙事"的国家梦，也是"具体而微"的个人梦。如果说，"大河没水小河干"阐明的是命运共同体逻辑；"小河有水大河满"，则揭示了发展进步的动力机制。正如习近平同志指出的，中国梦的实现，"必须紧紧依靠人民"。每个人的自由发展是一切人自由发展的条件，个体梦想的实现，正是国家梦想实现的重要前提和必备条件。① 一个国家的梦如果离开个人的梦是没有意义的，反过来说，个人的梦必须与国家的梦结合在一起。

中国梦不同于美国梦。首先，美国梦是个人成功之梦，是个人走向富裕之梦，虽然其结果促进了美国的繁荣，但这种繁荣是以社会贫富两极分化为代价的；中国梦包含了每一个中国人的梦，同时更是国家之梦、民族之梦、人民之梦，是国家、民族、人民利益的有机统一，而社会全体成员是最大的受益者。其次，美国梦所追求的主要是单个人富裕、荣誉；中国梦所追求的是社会成员的普遍幸福，它除了个人的富裕、荣誉之外，还包括丰富的内容，特别是人的全面而自由发展，是个人全面发展与国家富强、民族振兴的有机统一和相互促进。最后，美国梦是靠单个人的自我奋斗实现的，其结果是，由于种种原因，有的人实现了梦想，而有的人则梦想成空；中国梦是要靠全国各族人民团结奋斗实现的，"必须紧紧依靠人民来实现，必须不断为人民造福"，"所有人共同享有人生出彩的机会，共同享有梦想成真的机会，共同享有同祖国和时代一起成长与进步的机会"（江畅，2013）。

二　中国梦：构建一个好的社会

尽管人们对"中国梦"有多种理解，但构建一个和谐包容、稳定发展的社会无疑是各个阶层中国人对中国梦达成的共识。

（一）有人的地方未必有社会

社会，是人类生活的共同体。人类不能脱离社会而存在，对于这一点，《荀子》解释得很清楚："饥而饮食，寒而欲暖，劳而欲息，好利而恶害，是人之所生而有也"。"礼"（社会制度）便起于对这种"欲"的疏导和安排："礼起于何也？人生而有欲，欲而不得则不能无求，求而无度量分界，则不能不争，争则乱，乱则穷。先王恶其乱也，故制礼义以分之，以养人之欲，给人之求"。"故礼

---

① 本报评论员：《中国梦归根结底是人民的梦》，《人民日报》2013 年 3 月 27 日第001 版。

者，养也"。所谓养，即维持和延续人的生存。社会存在的根本理由，就是建立人类共同生活的一系列基本底线和共同秩序、规范人的自然情欲，使人类作为一个整体能够生存延续。

社会是由人组成的，有人的地方却未必有社会。德鲁克说"没有人会把船只失事时一群无组织、惊恐奔跑的人叫作一个'社会'。那儿尽管有一群人，但并不存在社会。事实上，这种恐慌的直接原因便在于社会的崩溃；而克服这一恐慌的唯一途径，是要用社会价值观念、社会纪律、社会权利和社会组织来重建一个社会"。可见，人类生活在其中的社会，其本质既不是一个可以脱离人单独存在的"整体"，也不是单个个人的简单堆积或相加，而是人与人之间的关系、个体与整体的关系。社会既可以是一个适者生存的残酷丛林、尔虞我诈的名利场，也可以是人性熠熠发光、对弱者无限耐心地俯下身去的温暖天堂。

（二）不存在放之四海而皆准的"好社会"标准

什么是好的社会？从柏拉图的理想国，到陶渊明的桃花源，每个人心中都有一个乌托邦。用社会学术语来说，"好的"社会就是，"社会的良性运行和协调发展，即特定社会的经济、政治和思想文化三大系统之间以及各系统的不同部分、不同层次之间的相互促进，而社会障碍、失调等因素被控制在最小的限度和最小的范围之内"（郑杭生，2009）。

如何评价一个社会是不是一个"好社会"，是社会学中一个争议颇多的问题。长期以来，各国社会学家提出的标准相当多，却没有一个被共同推崇和广泛接受，即不存在一个放之四海而皆准的"好社会"标准。这一方面是因为，人类社会也是一个包括政治、经济、文化三大领域的复杂系统，在历史发展的不同阶段所面临的客观条件和主要矛盾不同，甚至是完全相反的；另一方面是因为，人的需求是多层次的，价值取向也常常各不相同，甚至根本对立。因此，绝大多数社会学家认同，判断一个社会是不是"好社会"，不能仅以某一个或者几个标准为依据，而必须放置在特定的历史情境下，用一种综合性的标准来具体分析和判断。

（三）"好的"社会要解决的四个根本问题

不存在简单的评判标准，并不意味着在特殊性中不存在一般性。"好的"社会的根本原则是能够满足人们的基本需求，这个需求包括自然需求和社会需求。自然需求是人作为生物的需要，社会需求则是作为社会的人所需要的一切。由于人类物质生活的逐渐同质化，以及在此基础上的优秀的精神财富共享，人们的自然需求和社会需求也在各种相对中积淀着绝对，形成了被普遍接受的"普适价值观"，它来自人类生存延续所积累的经验教训。当代重要的伦理哲学家阿格尼斯·海勒（Agnies Heller）论证过，人类社会的三大核心元素是：基本安全、公正、感情交流（即儒家倡导的仁爱），与马斯洛的需求层次理论遥相呼应。需要特别指出的是，无论是海勒的基本安全，还是马斯洛的安全需求，都是指人们的生命财产的安全，而这是建立在经济发展基础上的。

基于对人们基本需求的深刻洞察，当代重要的哲学家李泽厚总结出一个功能健全的社会需要解决的四个根本问题：经济发展、个人自由、社会公正、政治民主。李泽厚认为，经济发展是在最终意义上和最长时期内对其他一切问题起着决定性的作用，在不同的历史时期，这四个根本问题可以有不同的侧重，但是顺序不能改变。这四个根本问题中，经济发展是前提和基础，是"硬道理"，但正如诺贝尔经济学奖获得者阿玛蒂亚·森所说："发展是为了自由。"时间万物，论及本性，都倾向于自由选择。康德认为，从个体上看，自由选择行为是杂乱无章的，从整体上却能发现这些自由意志的行为中有一种规律性的、缓慢和漫长的发展进程，这是"大自然的隐蔽的计划"。"大自然迫使人类加以解决的最大问题，就是建立一个普遍法治的公民社会"。关于什么是社会公正，以及如何实现社会公正，政治哲学家们存在着很大的争议，但归根结底，"要看一个社会是否公正，就看它如何分配我们看重的东西——收入与财富、权利与义务、权力与机会、公共职务与荣誉等"（桑德尔，2012）。

从这个意义上讲，我们可以这样界定"好的"社会：在某一特定的历史发展阶段，能够找到这四个问题的最合适的解决之道，为最多数人创造最大的幸福和福利，这样的社会就是好的社会。世界是多元化的，不同民族、文化、宗教、历史和语言决定了各个国家要通过不同的社会制度实现富强、自由、民主和法治的目标，但殊途同归，好的社会就是要满足"人民对美好生活的向往"（习近平）。

三 中国梦的实现需要消费信贷

无论从其社会功能还是经济功能来看，消费信贷都是美国梦的原动力之一，是实现美国梦最重要的制度设计，这个在本书第五章已经做了详细的论证。这里想要论证的是，对于中国梦的实现，消费信贷同样是不可缺少的。因为消费信贷是一种普惠金融，旨在帮助最广大的消费者实现资金的跨时间配置，通过增加教育文化消费获得独立成长和良性发展的空间；而且负债形成的刚性还款预算还可以减少支出的随意性，引导和规范日常生活支出。可以这么说，消费信贷是消费者享有的金融权利，能够满足"人民对美好生活的向往"。

联合国在"2005 国际小额信贷年"的宣传中，提出了普惠金融（financial inclusions，亦译为包容性金融）概念，并将其定义为能有效、全方位为社会所有阶层和群体提供服务的金融体系。普惠金融的理念是满足所有需要金融服务人的需要，强调如同人权平等一样的金融权平等，消除金融歧视（焦瑾璞，2009）。按照普惠金融，金融服务包括支付结算、储蓄、融资、理财、保险等内容，普惠金融意味着每一个具有能力、符合标准的个人、家庭和企业有权利获得相应的金融服务。

普惠金融最初的形态是小额信贷和微型金融，经过多年发展，已基本涵盖储蓄、支付、保险、理财和信贷等金融产品和服务。无论提供哪种金融服务，普惠金融都致力于帮助处于社会中低阶层的公民提升自身能力，提高收入水平和生活质量。自普惠金融理念提出以后，迅速得到各界人士认同，成为遍及全球的运动。2011 年国际著名的普惠金融中心（CFI）发起普惠金融 2020 运动，将为受传统金融歧视的全球个人、家庭、企业提供价格合理、使用便捷、维护尊严、改变生产与生活命运的金融服务纳入时间计划，通过动员政府、企业、社会公益组织的联合参与，最终消除金融歧视，实现全球范围内的金融普惠。[①]

四 消费信贷发展必须严格规范，正确引导

中国梦毕竟不同于美国梦，不能一味强调个人物欲的满足，鼓励无限制地追求个人物质享受，中国梦内涵中更重要的是整个社会的和谐稳定和可持续发展。虽然消费信贷在融合社会各个阶层，在建立社会共识和共同文化方面可以起到重要的作用。2008 年金融危机告诉我们，针对社会弱势群体推出的消费信贷产品，不能一味强调金融机构的经济目标（追逐利润最大化），否则会带来严重的社会问题。政府有关部门应该引导金融机构兼顾社会目标，并进行严格的规范和监管，同时，利用各种途径和方式开展金融知识的普及和教育。

正如金融有"好的"和"坏的"，消费信贷也有"好的"和"坏的"。判断消费金融是"好的"还是"坏的"的根本标准是是否有助于减少贫富差距。在《断层线》一书中，拉詹指出，贫富差距过大是一切不幸的根源，是导致 2008 年危机的根本原因。作者进一步警告说，如果这种差距不能得到修补，未来还会发生更具毁灭性的危机。托马斯·皮凯蒂的《21 世纪资本论》以丰富的历史数据表明，如果放任其自流，以私有制为基础的自由市场经济天生具有一种使财富和收入分配不平等程度加剧，并且无限延续的长期内在趋势。最重要的是，这种不平等机制，正在破坏民主社会及其价值观，而这个价值观——通过个人后天的学习和努力可以获得成功——是一个社会经济繁荣和健全的基础。在实践中，各国政府和社会力量都在采取措施来应对日益加剧的社会不平等，"我们当设法救济，例如限制过度的利润，增加社会流动性，使环境上不利之人仍有社会之保障及突破环境之机缘"（黄仁宇，2006）。

---

① http://www.centerforfinancialinclusion.org/fi2020.

我们相信，消费信贷有助于创造一个更具活力和更有效率的经济，以及一个更好的社会。但这一切的前提是，发展消费信贷，在实现经济目标（追逐利润）的同时，应该承担减少贫富差距的社会功能。斯蒂格利茨说过："虽然我们永远不能创造出一种完全机会平等的制度，但我们至少能够创造出更多的机会平等。"在人类社会的发展过程中，有一种要求逐步摆脱先天束缚的倾向。消费信贷正是通过为最广大消费者群体提供金融服务并激发其自尊，来为他们创造机会平等。消费信贷不仅仅是提供低成本的贷款用于消费，更重要的是培养客户的信用意识、财务计划能力和提供基础的理财服务，过上有尊严且自由的生活。

参考文献

［1］蔡浩仪、徐忠：《消费信贷、信用分配与中国经济发展》，《金融研究》2005 年第 9 期。

［2］蔡雪芹：《现代消费与人的自我认同》，《理论月刊》2005 年第 9 期。

［3］程建胜、刘向耕：《发展消费信贷促进经济增长》，《经济学动态》2003 年第 8 期。

［4］陈昕：《救赎与消费——当代中国日常生活中的消费主义》，江苏人民出版社 2003 年版。

［5］陈雨露：《中国金融学科 60 年：历程、逻辑与展望》，《中国大学教育》2010 年第 3 期。

［6］陈雨露：《中国农村金融发展的五个核心问题》，《中国金融》2010 年第 19 期。

［7］陈斌开、李涛：《中国城镇居民家庭资产、负债现状与成因研究》，《经济研究》2011 年第 1 期。

［8］陈鸣：《关于发展互联网消费金融的八点思考》，环球网，2015 年 7 月 30 日。

［9］楚尔鸣：《扩大消费需求必须重视金融政策》，《消费经济》2009 年第 2 期。

［10］丁宁：《中国消费信贷对经济增长贡献的实证分析》，《财经问题研究》2014 年第 3 期。

［11］董志勇、狄晓娇：《对中国信用卡消费群体特征的多元统计分析》，《金融论坛》2007 年第 6 期。

［12］段文婷、江光荣：《计划行为理论述评》，《心理科学进展》

2008 年第 16 期。

[13] 樊纲：《循环刺激对循环信用使用行为的影响研究》，《暨南学报》（哲学社会科学版）2015 年第 4 期。

[14] 樊向前、戴国海：《影响居民消费行为的信贷条件分析：基于2002—2009 年我国城镇居民消费的实证研究》，《经济理论与实践》2010 年第 11 期。

[15] 国胜铁、刘文勇：《居民消费信贷决策的影响因素分析》，《学习与探索》2011 年第 3 期。

[16] 杭斌、郭香俊：《基于习惯形成的预防性储蓄——中国城镇居民消费行为的实证分析》，《统计研究》2009 年第 3 期。

[17] 韩德昌、王大海：《人口统计特征、社会环境因素与中国大学生信用卡持有关系研究》，《上海金融》2007 年第 11 期。

[18] 韩立岩、杜春越：《城镇家庭消费金融效应的地区差异研究》，《经济研究》2011 年第 1 期。

[19] 黄卉、沈红波：《生命周期、消费者态度与信用卡使用频率》，《经济研究》2010 年增刊。

[20] 黄仁宇：《资本主义与二十一世纪》，三联书店 2004 年版。

[21] 黄祖辉、刘西川、程恩江：《中国农户的信贷需求：生产性抑或消费性——方法比较与实证分析》，《管理世界》2007 年第 3 期。

[22] 黄祖辉、刘西川、程恩江：《贫困地区农户正规信贷市场低参与程度的经验解释》，《经济研究》2009 年第 4 期。

[23] 纪敏、马志扬：《金融在扩大消费中大有可为》，《中国金融》2011 年第 4 期。

[24] 江明华、任晓炜：《金钱和信用态度影响信用卡透支的实证研究》，《金融研究》2003 年第 11 期。

[25] 江明华、任晓炜：《信用卡持卡者人口统计特征及透支行为关系的实证研究》，《金融研究》2004 年第 4 期。

[26] 江畅：《中国梦与中国社会的终极价值目标》，《道德与文明》2013 年第 4 期。

[27] 贾良定、陈秋霖：《消费行为模型及其政策含义》，《经济研究》2001 年第 3 期。

[28] 靳明、赵昶：《绿色农产品消费意愿和消费行为分析》，《中国农村经济》2008 年第 5 期。

[29] 李心丹等：《家庭金融研究综述》，《管理科学学报》2011 年第 4 期。

[30] 李红军：《我国居民消费行为的消费信贷效应检验与分析》，《消费经济》2013 年第 4 期。

[31] 李燕桥、臧旭恒：《消费信贷影响我国城镇居民消费行为的作用渠道及检验——基于 2004—2009 年省际面板数据的经验分析》，《经济学动态》2013 年第 1 期。

[32] 李燕桥：《消费信贷与中国城镇居民消费行为分析》，博士学位论文，山东大学，2012。

[33] 李泽厚：《论语今读》，生活·读书·新知三联书店 2004 年版。

[34] 李泽厚：《历史本体论》，生活·读书·新知三联书店 2008 年版。

[35] 李泽厚：《中国哲学如何登场？》，上海译文出版社 2012 年版。

[36] 李泽厚：《回应桑德尔及其他》，生活·读书·新知三联书店 2014 年版。

[37] 林毅夫：《关于制度变迁的经济学理论：诱致性制度变迁和强制性制度变迁》，选自陈昕编《财产权利与制度变迁——产权学派与新制度学派译文集》，上海三联书店、上海人民出版社 1994 年版。

[38] 林毅夫、孙希芳、姜烨：《经济发展中的最优金融结构理论初探》，《经济研究》2009 年第 8 期。

[39] 梁漱溟：《中国文化的命运》，中信出版社 2010 年版。

[40] 梁漱溟：《中国文化要义》，上海人民出版社 2011 年版。

[41] 刘晓欣、周弘：《家庭个体特征对居民借款行为的影响——来自中国家庭的经验证据》，《金融研究》2012 年第 1 期。

［42］刘西川、黄祖辉、程恩江：《贫困地区农户的正规信贷需求：直接识别与经验分析》，《金融研究》2009 年第 4 期。

［43］刘锐：《消费金融对居民消费需求影响分析》，《消费经济》2013 年第 1 期。

［44］廖理：《中国消费金融调研报告（2009）》，经济科学出版社 2010 年版。

［45］廖理、张金宝：《城市家庭的经济条件、理财意识和投资借贷行为——来自全国 24 个城市的消费金融调查》，《经济研究》2011 年第 1 期。

［46］廖理、张金宝：《信用卡市场的逆向选择：基于国内城镇居民消费金融的调查数据》，《山西财经大学学报》2010 年第 8 期。

［47］毛中根、洪涛：《金融发展与居民消费：基于 1997—2007 年中国省际面板数据的实证分析》，《消费经济》2010 年第 10 期。

［48］平新乔、杨慕云：《消费信贷违约影响因素的实证研究》，《财贸经济》2009 年第 7 期。

［49］屈小娥、李国平：《意愿价值评估法：理论基础及研究进展》，《统计与决策》2011 年第 7 期。

［50］阮小莉、仲泽丹：《城乡居民消费信贷影响因素的差异化研究——基于四川省调研数据的分析》，《财经科学》2013 年第 6 期。

［51］索甲仁波切：《西藏生死书》，浙江大学出版社 2011 年版。

［52］宋文昌：《以特色金融模式支持居民消费》，《中国金融》2011 年第 4 期。

［53］孙炜：《信用消费——自由还是控制》，《西南金融》2006 年第 10 期。

［54］孙章伟：《美国消费金融及其在金融危机中的表现分析》，《国际金融研究》2010 年第 5 期。

［55］王江、廖理、张金宝：《消费金融研究综述》，《经济研究》

2010 年增刊。

[56] 王文祥：《银行卡支付与境内消费关系的经验研究》，《上海金融》2012 年第 6 期。

[57] 王宁：《从苦行者社会到消费者社会——中国城市消费制度、劳动激励与主体结构转型》，社会科学文献出版社 2009 年版。

[58] 王宁：《"国家让渡论"：有关中国消费主义成因的新命题》，《中山大学学报》2007 年第 4 期。

[59] 王丽丽：《消费者循环信用和小额分期付款使用行为研究》，博士学位论文，上海交通大学，2010 年。

[60] 王大海、刘建华、申成霖：《信用卡信贷使用行为成因及其营销策略研究》，《软科学》2012 年第 3 期。

[61] 王祥伍：《企业文化的逻辑》，电子工业出版社 2014 年版。

[62] 汪浩瀚、唐绍祥：《不确定性条件下中国城乡居民消费的流动性约束分析》，《经济体制改革》2009 年第 5 期。

[63] 吴龙龙：《消费信贷的消费挤出效应解析》，《消费经济》2010 年第 2 期。

[64] 夏杰长：《以扩大消费需求为着力点调整我国总需求结构》，《经济学动态》2012 年第 2 期。

[65] 许罗德：《提速消费金融发展》，《中国金融》2013 年第 6 期。

[66] 徐宪平：《关于美国信用体系的研究与思考》，《管理世界》2006 年第 5 期。

[67] 尹世杰：《消费经济学》（修订版），西南财经大学出版社 2010 年版。

[68] 尹世杰、王裕国：《构建社会主义和谐社会之中的消费经济问题研究》，西南财经大学出版社 2005 年版。

[69] 易宪容、黄瑜琴、李薇：《消费信贷、信用约束与经济增长》，《经济学动态》2004 年第 4 期。

[70] 易秋霖、吕绍娣、王鑫：《个人持有信用卡与个人统计特征的相关性分析》，《金融论坛》2010 年第 4 期。

[71] 严晓燕：《探索中国特色消费金融发展新模式》，《中国金融》

2010 年第 17 期。

[72] 晏辉：《作为生活方式的消费与消费主义》，《求是学刊》2007 年第 3 期。

[73] 宴国祥：《消费者行为理论发展脉络》，《经济问题探索》2008 年第 4 期。

[74] 余永定、李军：《中国居民消费函数的理论与验证》，《中国社会科学》2000 年第 1 期。

[75] 朱信凯、骆晨：《消费函数的理论逻辑与中国化：一个文献综述》，《经济研究》2011 年第 1 期。

[76] 叶湘榕、尹筑嘉：《关于美国家庭高负债消费问题的探讨》，《消费经济》2010 年第 4 期。

[77] 杨鹏艳：《消费金融的理论内涵及其在中国的实践》，《经济问题探索》2011 年第 5 期。

[78] 杨蓬勃、朱飞菲、康耀文：《基于自我控制的消费文化对消费信贷影响研究》，《财经研究》2014 年第 5 期。

[79] 杨瑞龙：《论我国制度变迁方式与制度选择目标的冲突及其协调》，《经济研究》1994 年第 5 期。

[80] 祝红梅：《中国消费金融市场发展概况》，《消费经济》2011 年第 6 期。

[81] 臧恒旭、李燕桥：《消费信贷、流动性约束与中国城镇居民消费行为》，《经济学动态》2012 年第 2 期。

[82] 赵坚毅、徐丽艳、戴李元：《中国的消费率持续下降的原因与影响分析》，《经济学家》2011 年第 9 期。

[83] 赵霞、刘彦平：《居民消费：流动性约束和居民个人消费信贷的实证研究》，《财贸经济》2006 年第 11 期。

[84] 赵卫华：《地位与消费——当代中国各阶层消费状况研究》，社会科学文献出版社 2007 年版。

[85] 郑红娥：《社会转型与消费革命》，北京大学出版社 2006 年版。

[86] 张晓立：《美国文化变迁探索——从清教文化到消费文化的历

史演变》，光明日报出版社 2010 年版。

［87］张奎：《银行卡对我国城镇居民消费行为影响的实证研究》，《金融经济》2009 年第 16 期。

［88］张奎、金江、王红霞、胡迎春：《消费信贷对消费影响作用的实证研究》，《技术经济》2010 年第 2 期。

［89］张杰：《解读中国农贷制度》，《金融研究》2004 年第 2 期。

［90］张学江、荆林波：《我国消费金融服务业发展现状及政策选择》，《南京社会科学》2010 年第 11 期。

［91］张艾莲、刘柏：《消费信贷与经济增长的协动关系研究》，《税务与经济》2012 年第 1 期。

［92］周骏：《西方消费信贷与消费需求述评及其引申》，《改革》2010 年第 1 期。

［93］左小蕾：《消费信贷新政短期难达预期效益》，转引自《中国证券报》2009 年 8 月 19 日。

［94］中国人民银行上海总部调研部课题组：《确立一体两翼的消费信贷发展战略研究》，《上海金融》2010 年第 1 期。

［95］［美］凡勃伦：《有闲阶级论》，商务印书馆 2004 年版。

［96］［美］海曼·明斯基：《凯恩斯〈通论〉新释》，张慧卉译，清华大学出版社 2009 年版。

［97］［美］赫伯特·马尔库塞：《单向度的人》，刘继译，上海译文出版社 2008 年版。

［98］［美］纪廉等：《新经济社会学——一门新兴学科的发展》，社会科学文献出版社 2006 年版。

［99］［美］拉古拉迈·拉詹：《断层线》，中信出版社 2011 年 8 月版。

［100］［美］伦德尔·卡尔德：《融资美国梦——消费信贷文化史》，上海人民出版社 2007 年版。

［101］［美］迈克尔·桑德尔：《金钱不能买什么》，中信出版社 2012 年版。

［102］［美］迈克尔·桑德尔：《公正》，中信出版社 2012 年版。

［103］［美］诺斯：《制度、制度变迁与经济发展》，上海三联书店、上海人民出版社 1994 年版。

［104］［美］塞缪尔·亨廷顿、劳伦斯·哈里森：《文化的重要作用》，新华出版社 2013 年版。

［105］［美］约瑟夫·E. 斯蒂格利茨：《不平等的代价》，机械工业出版社 2014 年版。

［106］［美］朱丽叶·斯格尔：《过度消费的美国人》，重庆大学出版社 2010 年版。

［107］［美］兹比格涅夫·布热津斯基：《大失控与大混乱》，中国社会科学出版社 1995 年版。

［108］［英］葛霖：《金融的王道》，中国人民大学出版社 2010 年版。

［109］［英］约翰·梅纳德·凯恩斯：《就业、利息和货币通论（重译本）》，高鸿业译，商务印书馆 2009 年版。

［110］［德］马克斯·韦伯：《新教伦理与资本主义精神》，广西师范大学出版社 2007 年版。

［111］［德］西美尔：《货币哲学》，陈戎女等译，华夏出版社 2007 年版。

［112］［法］孟德斯鸠：《论法的精神》，徐明龙译，商务印书馆 2012 年版。

［113］［法］罗莎－马里亚·杰尔皮、弗朗索瓦·朱利安－拉布吕耶尔：《消费信贷史：理论与实践》，商务印书馆 2014 年版。

［114］Ajzen, I., "The Theory of Planned Behavior", *Organizational Behavior and Human Decision Processes*, Vol. 50, 1991, pp. 179 – 211.

［115］Ajzen, I., "Residual Effects of Past on Later Behavior: Habituation and Reasoned Action Perspectives", *Personality and Social Psychology Review*, Vol. 6, 2002, pp. 107 – 122.

［116］Aiken and Lewis, R., *Attitude and Related Psychosocial Constructs*, USA: Sage Publications, Inc., 2002.

[117] Baker, P. M. and Hagedorn, R. B. , " Attitudes to Money in a Random Sample of Adults: Factor Analysis of the MAS and MBBS Scale, and Correlations with DemographicVariables", *Journal of Socio – Economics*, Vol. 37, 2008, pp. 1803 – 1814.

[118] Bamberg, S. , Ajzen, I. and Schmidt, P. , " Choice of Travel Mode in TPB: the Roles of Past Behavior, Habit, and Reasoned action", *Basic and Applied Social Psychology*, Vol. 25, 2003, pp. 175 – 188.

[119] Barr and Michael, *Sendhil Mullainathan and Eldar Shafir, Behaviorally Informed Financial Services Regulation*, New American FoundationWorking Paper, Oct. 2008.

[120] Baumeister, Roy F. , " Yielding to Temptation: Self – Control Failure, Impulsive Purchasing and Consumer Behavior", *Journal of Consumer Researcher*, Vol. 28 (4), 2002, pp. 670 – 676.

[121] Bacchtta, P. and Stefan Gerlach, "Consumption and Credit Constraints: International Evidence", *Journal of Monetary Economics*, Vol. 40, 1997, pp. 207 – 238.

[122] Bertola, G. , Disney, R. and Grant, *The Economics of Consumer Credit*, MIT Press, 2006.

[123] Bernanke and Ben, "Financial Innovation and Consumer Protection", The Federal Reserve System's Community Affairs Research Conference, Washington D. C. , April 17, 2009.

[124] Bernthal, M. J. and D. Crockett et al. , " Credit Cards as Lifestyle Facilitators", *Journal of Consumer Research*, Vol. 32 (1), 2005, pp. 130 – 145.

[125] Bertrand, Marianne and Dean Karlan et al. , *What's Psychology Worth? A Field Experiment in the Consumer Credit Market*, NBER Working Paper No. 11892, 2005.

[126] Bhardwaj, S. and Bhattacharjee, K. , Modeling Money Attitudes to Predict Loan Default, *The IUP Journal of Bank Management*,

2010, Vol. IX (1/2): 12 – 20.

[127] Biza – Khupe and Simangaliso, "An Alternative Theoretical Per-spective to the Analysis of Global Trends on Consumer Debt", *Per-spectives on Global Development and Technology*, Vol. 7, 2008, pp. 281 – 303.

[128] Brougham, Ruby R. and Joy, M., " Jacobs – Lawson et al. , Who Pays Your Debt? An Important Question for Understanding Compul-sive Buying among American College Students", *International Jour-nal of Consumer Studies* 35, pp. 79 – 85.

[129] Bryant and W. Keith, *The Economic Organization of the House-hold*, Cambridge, UK: Cambridge University Press, 1990.

[130] Burgess, S. M. , Battersby, N. , Gebhardt Steven, "Money At-titudes and Innovative Consumer Behavior: Hedge Funds in South Africa", *Advances in Consumer Research*, Vol. 32 (1), 2005, pp. 315 – 321.

[131] Cragg, J. G. , "Some statistical models for limited dependent var-iables with application to the demand for durable goods", *Econo-metrica*, Vol. 39, No. 5, 1971, pp. 829 – 844.

[132] Calder, L. , *Financing the American Dream: A Cultural History of Consumer Credit*, Princeton: Princeton University Press, 1999.

[133] Campbell, John Y. and Mankiw N. Gregory, "Permanent In-come, Current Income, and Consumption", *Journal of Business & Economic Statistics*, Vol. 8 Issue 3, 1990, pp. 265 – 279.

[134] Campbell, John Y. and Mankiw N. Gregory, "Consumption, In-come, and Interest Rates: Reinterpreting the Time Series Evi-dence", *NBER Macroeconomics Annual*, Vol. 4 Issue 1, 1989, pp. 185 – 216.

[135] Chang, Beryl Y. , " Greater Access to Consumer Credit: Impact on Low Versus High Income Groups", *Journal of Business & Eco-nomic Studies*, Vol. 16, No. 1, 2010, pp. 33 – 57.

[136] Chien, Yi – wen and Devaney, Sharon A. , "The Effects of Credit Attitude and Socioeconomic Factors on Credit Card and Installment Debt", *Journal of Consumer Affairs*, Vol. 35, 2005, pp. 162 – 179.

[137] Crook, J. , "The Demand for Household Debt in the USA: Evidence from the 1995 Survey of Consumer Finance", *Applied Financial Economics*, Vol. 11, 2001, pp. 83 – 91.

[138] Davies, E. and Lea, S. E. G. , " Student Attitudes to Student Debt ", *Journal of Economic Psychology*, Vol. 16, 1995, pp. 663 – 679.

[139] David B. Gross and Nicholas S. Souleles, *Do Liquidity Constraints and Interest Rate Matter for Consumer Behavior? Evidence from Credit Card Data*, NBER Working Paper 8314, 2001.

[140] Disney, Richard, Gathergood and John, "Financial Literacy and Consumer Credit Portfolios", *Journal of Banking & Finance*, Vol. 37 Issue 7, 2013, pp. 2246 – 2254.

[141] Durkin, Thomas A. , "Credit Cards: Use and Consumer Attitudes: 1970 – 2000", *Federal Reserve Bulletin*, Vol. 86 Issue 9, 2000, pp. 624 – 637.

[142] Durvasula, S. and Lysonski, S. , "Money, Money, Money—How do Attitudes toward Money Impact Vanity and Materialism? —the Case of Young Chinese Consumers", *Journal of Consumer Marketing*, Vol. 27 (2), 2010, pp. 169 – 179.

[143] Drentea, P. , "Age, Debt and Anxiety", *Journal of Health and Social Behavior*, Vol. 41, No. 4, 2000, pp. 437 – 450.

[144] Elliehausen and Gregory, "Implications of Behavioral Research for the Use and Regulation of Consumer Credit Products", *Staff Working Papers in the Finance and Economics Discussion Series (FEDS)*, 2010.

[145] Eisenhardt, K. , "Building Theories from Case Study Research", *A-*

cademy of Management Review, Vol 14, No. 4, 1999, pp. 532 – 550.

[146] Fishbein, M. and Ajzen, I. , "Belief, Attitude, Intention, and Behavior: An Introduction to Theory and Research", Reading, MA: Addison – Wesley, 1975.

[147] Frederick, Shane, George Loewenstein and Ted O'Donoghue, "Time Discounting and Time Preference: A Critical Review", *Journal of Economic Literature*, Vol. 4, 2002, pp. 351 – 401.

[148] Furnham, A. , "Many Sides of the Coin: the Psychology of Money Usage", *Personality and Individual Difference*, Vol. 5 (5), 1984, pp. 501 – 509.

[149] Garearsdóttir, Ragna B. and Dittmar, Helga, "The Relationship of Materialism to Debt and Financial Well – being: The Case of Iceland's Perceived Prosperity", *Journal of Economic Psychology*, Vol. 33 Issue 3, 2012, pp. 471 – 481.

[150] George Katona, *Psychological Economics*, NewYork: Elsevier Scientific Publishing, 1975.

[151] Godwin, Deborah D. , "Dynamics of Households' Income, Debt, and Attitude toward Credit: 1983 – 1989", *The Journal of Consumer Affair*, Vol. 31 (2), 1997, pp. 303 – 325.

[152] Godwin, Deborah D. , "Household Debt Quintiles: Explaining Changes 1983 – 1989", *Journal of Consumer Affairs*, Vol. 32 (2), 1998, pp. 369 – 393.

[153] Geewax, Marilyn, "Lax Attitude at Root of Consumer Debt Woes", *The Atlanta Journal*, Vol. 22, Sep. 1996.

[154] Gurney, K. , *Your money personality: What it is and how you can profit from it*, Doubleday, 1988.

[155] Hayashi, F. , "The Effect of Liquidity Constraints on Consumption: A Cross – Sectional Analysis", *Quarterly Journal of Economics*, Vol. 100, 1985, pp. 183 – 206.

[156] Herendeen and James, B. , "The Role of Credit in the Theory of

the Household", *The Journal of Consumer Affairs*, Vol. 8 (2), 1974, pp. 157 – 181.

[157] Hirschman and Elizabeth, C. , " Differences in Consumer Purchase Behavior by Credit Card Payment System", *Journal of Consumer Research*, Vol. 6, June 1979, pp. 58 – 66.

[158] Jacobs, G. and E. V. D. M. Smit, " Materialism and Indebtedness of Low Income Consumers: Evidence from South Africa's Largest Credit Granting Catalogue Retailer", *South African Journal of Business Management*, Vol. 41 (4), 2010, pp. 1 – 33.

[159] James S. Duesenberry, *Income, Saving and the Theory of Consumer Behavior*, Cambridge, Massachusetts: Harvard University Press, 1959.

[160] James A. Roberts and Eli Jones, " Money Attitudes, Credit Card Use and Compulsive Buying among American College Students", *The Journal of Consumer Affairs*, Vol 35, 2001, pp. 213 – 239.

[161] Jim Wong, " An Analysis of Money Attitudes: Their Relationships and Effects On Personal Needs, Social Identity and Emotions", *Journal of Leadership, Accountability and Ethics*, Vol. 8 (1), 2010, pp. 57 – 64.

[162] Joireman, Jeff, Jeremy Kees and David Sportt, "Concern with Immediate Consequences Magnifies the Impact of Compulsive Buying Tendencies on College Students' Credit Card Debt", *The Journal of Consumer Affairs*, Vol. 44, No. 1, 2010, pp. 155 – 178.

[163] Kaynak, E. and Harcar, T. , " Consumers' Attitude towards Credit Card Usage in an Advanced Developing Country", *Journal of Financial Services Marketing*, Vol. 6 (1), pp. 24 – 39.

[164] Kamleitner, B. and E. Kirchler, " Consumer Credit Use: A Process Model and Literature Review", *Review of Psychological Applied*, Vol. 57, 2007, pp. 267 – 283.

[165] Kamleitner, B. and Erik Hoelzl, "Cost – Benefit Associations and Financial Behavior", *Applied Psychology: An International Review*, Vol. 58 (3), 2009, pp. 435 – 452.

[166] Kamleitner, B., Erik Hoelzl and E. Kirchler, "Credit use: Psychological Perspectives on a Multifaceted Phenomenon", *International Journal of Psychology*, Vol. 47 (1), 2012, pp. 1 – 27.

[167] Keller, C. and Siegrist, M., Money Attitudes, *Demographics, and Money Behaviors: Development of a New Money Attitude Scale*, Working Paper, 2006.

[168] Keller, C. and Siegrist, M., "Money Attitude Typology and Stock Investment", *Journal of Behavioral Finance*, Vol. 7 (2), 2006, pp. 88 – 96.

[169] Kneiding, C. and Kritikos, A. S., "Funding self – employment – the role of consumer credit", *Applied Economics*, Vol. 45, 2013, pp. 1741 – 1749.

[170] Lachance, M. J., "Young Adults' Attitudes towards Credit", *International Journal of Consumer Studies*, Vol. 36 (5), 2012, pp. 539 – 548.

[171] Lawson and Robert, "Self – Regulation of Unwanted Consumption", *Psychology & Marketing*, Vol. 18 (4), 2001, pp. 317 – 336.

[172] Lea, Stephen E. G., Webley, Paul and Levine, R. Mark, "The economic psychology of consumer debt", *Journal of Economic Psychology*, 1993, Vol. 14 Issue 1: 85 – 121.

[173] Lea, S., Webley, P. and Walker, C., "Psychological Factors in Consumer Debt: Money Management, Economic Socialization, and Credit Use", *Journal of Economic Psychology*, Vol. 16 (4), 1995, pp. 681 – 701.

[174] Li Dongjin, Jiang, An, Shen and Jin, "The Influence of Money Attitudes on Young Chinese Consumers' Compulsive Buying", *Young Consumers*, Vol. 10 (2), 2009, pp. 98 – 109.

[175] Lindqvist, A., "A Note on Determinants of Household Saving Behavior", *Journal of Economic Psychology*, Vol. 1, 1981, pp. 39 – 57.

[176] Livingstone, Sonia M. and Lunt, Peter K., "Predicting Personal Debt and Debt Repayment: Psychological, Social and Economic Determinants", *Journal of Economic Psychology*, Vol. 13 Issue 1, 1992, pp. 111 – 136.

[177] Lo, Hui – Yi and Harvey, Nige, "Shopping Without Pain: Compulsive Buying and the Effects of Credit Card Availability in Europe and the Far East", *Journal of Economic Psychology*, Vol. 32 Issue 1, 2011, pp. 79 – 92.

[178] Ludvigson and Sydney, "Consumption and Credit: A Model of Time – varying Liquidity Constraints", *The Review of Economics and Statistics*, Vol. 81 (3), August 1999, pp. 434 – 447.

[179] Lusardi, Annamaria and Peter Tufano, *Debt Literacy, Financial Experiences, and Over Indebtedness*, NBER Working Paper 14808, 2009.

[180] Lyons, Angela C. and Tansel Yilmazert, "Health and Financial Strain: Evidencefrom the Survey of Consumer Finances", *Southern Economic Journal*, Vol. 71 (4), 2005, pp. 873 – 890.

[181] Mansfield, Phylis M. and Mary Beth Pinto, "Consumer Vulnerability and Credit Card Knowledge Among Developmentally Disabled Citizens", *The Journal of Consumer Affairs*, Vol. 42, No. 3, 2008, pp. 425 – 438.

[182] Mankiw N. Gregory and Cochrane, John H. et al., "The response of consumption to income", *European Economic Review*, Vol. 35, Issue 4, May 1991, pp. 723 – 756.

[183] McEwen, W., Fang, Zhang and Burkholder, "Inside the Mind of Chinese Consumer", *Harvard Business Review*, Vol. 84 (3), 2006, pp. 68 – 76.

[184] Mitchell, T. R. , Darkin, S. , Mickel, A. and Gray, S. , "The Measurement of Money Importance", Paper Presented at the Annual Meeting of the Academy of Management, San Diego, 1998.

[185] Neuner, M. , Raab, G. and Reisch, L. A. , "Compulsive Buying in Maturing Consumer Societies: An Empirical Re – inquiry", *Journal of Economic Psychology*, Vol. 26 (4), 2005, pp. 509 – 522.

[186] O'Guinn, T. C. and Faber, R. J. , "Compulsive buying: A Phenomemological Exploration", *Journal of Consumer Research*, Vol. 16, 1989, pp. 147 – 157.

[187] Palan, Kay M. , Paula C. Morrow et al. , "Compulsive Buying Behavior in College Students: The Mediating Role of Credit Card Misuse", *Journal of Marketing Theory and Practice*, Vol. 19, No. 1, 2011, pp. 81 – 96.

[188] Park, Sangkyun, "The Determinants of Consumer Installment Credit", *Federal Reserve Bank of St. Louis*, Vol. 75, 1993, pp. 23 – 28.

[189] Pattarin, Francesco and Cosma, Stefano, "Psychological Determinants of Consumer Credit: The Role of Attitudes", *Review of Behavioral Finance*, Vol. 4 (2), 2012, pp. 113 – 129.

[190] Prelec, Drazen and George Loewenstein, "The Red and the Black: Metal Accounting of Saving and Debt", *Marketing Science*, Vol. 17, No. 1, 1998, pp. 4 – 28.

[191] Roberts, J. A. and Jones, "Money Attitudes, Credit Card Use and Compulsive Buying among American College Students", *The Journal of Consumer Affairs*, Vol. 35 (21), 2001, pp. 213 – 240.

[192] Romal, Jane B. and Barbara J. Kaplan, "Difference in Self – Control Among Spender and Savers", *A Quarter Journal of Human Behavior*, Vol 32 (2), 1995, pp. 8 – 17.

[193] Scott, Robert H. , "Credit Card Use and Abuse: A Veblenian A-

nalysis", *Journal of Economic Issues*, Vol. 41, Issue 2, 2007, pp. 567 – 574.

[194] Schooley, Diane K. and Worden, Debra D. , "Fueling the Credit Crisis: Who Uses Consumer Credit and What Drives Debt Burden?", *Business Economics*, Vol. 45, 2010, pp. 266 – 276.

[195] Sidoti, Philip M. and Raj Devasagayam, "Credit Cards and College Students: Effect of Materialism and Risk Attitude on Misuse", *The Marketing Management Journal*, Volume 20, Issue 2, 2010, pp. 64 – 79.

[196] Slocum, John W. and Mathews, H. Lee, "Social Class and Income as Indicators of Consumer Credit Behavior", *Journal of Marketing*, Vol. 34 Issue 2, 1970, pp. 69 – 74.

[197] Soman, Dilip and Cheema, Amar, "The Effect of Credit on Spending Decisions: The Role of the Credit Limit and Credibility", *Marketing Science*, Vol. 21, No. 1, 2002, pp. 32 – 53.

[198] Starr and Martha, A. , "Debt – Financed Consumption Sprees: Regulation, Freedom and Habits of Thought", *Journal of Economic Issues*, Vol. XLIV No. 2, 2010, pp. 459 – 469.

[199] Sullivan, A. C. and Worden Debra Drecnik, "Rehabilitation or Liquidation: Consumers' Choices in Bankruptcy", *The Journal of Consumer Affairs*, Vol. 24, 1990, pp. 69 – 88.

[200] Tang, T. L. P. , "The Meaning of Money Revisited", *Journal of Organizational Behavior*, Vol. 13 (2), 1992, pp. 197 – 202.

[201] Taneja, R. M. , "Money Attitude – An Abridgement", *Journal of Arts, Science & Commerce*, Vol. 3 (3), 2012, pp. 94 – 98.

[202] Thaler and Richard, "Mental Accounting and Consumer Choice", *Marketing Science*, Vol. 4 (3), 1985, pp. 199 – 214.

[203] Tokunaga and Howard, "The Use and Abuse of Consumer Credit: Application of Psychological Theory and Research", *Journal of Economic Psychology*, Vol. 14, 1993, pp. 285 – 318.

[204] Tversky, Amos and Daniel Kahneman, "Judgment Under Uncertainty: Heuristics and Biases", *Science*, Vol. 185, 1974, pp. 1124 – 1131.

[205] Watson and John, J. , "Materialism and Debt: A Study of Current Attitudes and Behaviors", *Advances in Consumer Research*, Vol. 25, 1998, pp. 203 – 207.

[206] Watson and John, J. , "The Relationship of Materialism to Spending Tendencies, Saving, and Debt", *Journal of Economic Psychology*, Vol. 24, Issue 6, 2003, pp. 723 – 739.

[207] Watkins and John, P. , "Corporate Power and the Evolution of Consumer Credit", *Journal of Economic Issues*, Vol. 34, Issue 4, 2000, pp. 909 – 932.

[208] Watson, J. J. , "The Relationship of Materialism to Spending Tendencies, Saving, and Debt", *Journal of Economic Psychology*, Vol. 24, 2003, pp. 723 – 739.

[209] Watson and Stevie, "Credit Card Misuse, Money Attitudes, and Compulsive Buying Behaviors: A Comparison of Internal and External Locus of Control (LOC) Consumers", *College Student Journal*, Vol. 43, 2009, pp. 268 – 275.

[210] Wang and Jeff, "A Sociocultural Investigation of Consumer Credit and Consumer Debt", *Advances in Consumer Research*, Vol. 33, 2006, pp. 421 – 423.

[211] Xiao, J. J. , Noring, F. E. and Anderson, J. G. , "College Students Attitude towards Credit Attitude", *Journal of Consumer Studies*, Vol. 19, 1995, pp. 155 – 174.

[212] Xiao, J. J. , O' Neill, B. and Prochaska, J. M. et al. , "Application of Transtheoretical Model of Change to Financial Behavior", *Consumer Interest Annual*, Vol. 47, 2001, pp. 81 – 91.

[213] Yamauchi, K. T. and Templer, D. J. , "The development of a money attitude scale", *Journal of Personality Assessment*, Vol. 46

(5), 1982, pp. 522 – 528.

[214] Zhu, Lillian Y. and Meeks, Carol B. , "Effects of Low Income Families' Ability and Willingness to Use Consumer Credit on Subsequent Outstanding Credit Balances", *Journal of Consumer Affairs*, Vol. 28, Issue 2, 1994, pp. 403 – 422.

[215] Zinman and Jonathan, "Consumer Credit: Too Much or Too Little (or Just Right)?", *Journal of Legal Studies*, Vol. 43, 2014, pp. 209 – 237.